Englische Grammatik –
kurz und schmerzlos

humboldt-Taschenbücher, Cassetten-Packages und CD-ROMs aus der Reihe Sprachen

Englisch

Englisch in 30 Tagen*	ht 1051
Englisch für Fortgeschrittene*	ht 61
Englischer Basiswortschatz	ht 574
Schluß mit typischen Englisch-Fehlern!	ht 664
Teste deinen Englisch-Wortschatz	ht 723

Französisch

Französisch in 30 Tagen*	ht 1052
Französisch für Fortgeschrittene	ht 109
Französischer Basiswortschatz	ht 696

Italienisch

Italienisch in 30 Tagen*	ht 1053
Italienisch für Fortgeschrittene	ht 108
Italienischer Basiswortschatz	ht 697

Spanisch

Spanisch in 30 Tagen*	ht 1054
Spanisch für Fortgeschrittene*	ht 626
Spanischer Basiswortschatz	ht 698

Weitere Sprachen

Russisch in 20 Lektionen	ht 81
Griechisch für den Urlaub*	ht 699
Türkisch für den Urlaub*	ht 628

Allgemein

Abenteuer Sprache	ht 936

Deutsch

Fremdwörterlexikon	ht 446
Sag es besser!	ht 601
4000 Sprichwörter und Zitate	ht 603
Zeichensetzung – kurz und bündig	ht 722
Schluß mit typischen Deutsch-Fehlern!	ht 733
Spoiler-Deutsch. Ein Fremdwörtertraining	ht 798

MultiMedia-CD-ROM-Ausgaben

Englisch in 30 Tagen	ISBN 3-581-69051-9
Französisch in 30 Tagen	ISBN 3-581-69052-7
Italienisch in 30 Tagen	ISBN 3-581-69053-5
Spanisch in 30 Tagen	ISBN 3-581-69054-3
Englischer Basiswortschatz	ISBN 3-581-69055-1
Französischer Basiswortschatz	ISBN 3-581-69056-X
Italienischer Basiswortschatz	ISBN 3-581-69057-8
Spanischer Basiswortschatz	ISBN 3-581-69058-6

Die mit * versehenen Sprachentitel gibt es auch als **Cassetten-Packages** (Buch **mit Übungscassette**).

Englische Grammatik – kurz und schmerzlos

Von Dr. Sonia Brough und Dr. Vincent Docherty

Sprachen

humboldt-Taschenbuch 617

Die Autoren:
Dr. Sonia Brough und Dr. Vincent Docherty sind beide erfahrene Verlagslektoren für Anglistik sowie Dozenten an Universität und Volkshochschule. Ihre zahlreichen Veröffentlichungen im Fremdsprachenbereich reichen von Englischkursen bis zu Grammatiken und Wörterbüchern.

Umwelthinweis: gedruckt auf chlorfrei gebleichtem Papier

5., durchgesehene Auflage 1996

Umschlaggestaltung: Wolf Brannasky, München
Umschlagfotos: Fotostudio Peter Bornemann, München
Zeichnungen im Innenteil: Gabriele Docherty, München

© 1989, 1995 by Humboldt-Taschenbuchverlag Jacobi KG, München
Druck: Presse-Druck Augsburg
Printed in Germany
ISBN 3-581-66617-0

Inhalt

Vorwort

Gleich vorweg eine gute Nachricht: Englische Grammatik muß nicht weh tun, ja sie kann sogar Spaß machen. Mit diesem kleinen Band möchten wir Sie – möglichst kurz und schmerzlos – in die wichtigsten Gebiete der englischen Grammatik einweisen. Deshalb ist es gar nicht erst Ziel des Buches, erschöpfend zu sein, denn das wäre höchstens für Sie erschöpfend (und würde außerdem mehrere Bände füllen)!

Wir haben das vorliegende Werk bewußt auf Lernende zugeschnitten, die Deutsch als Muttersprache haben – so konnten wir uns (und Ihnen!) eine Menge überflüssiger Details ersparen und uns gleichzeitig auf die wirklich typischen Fehlerquellen konzentrieren.

Damit Ihnen das Ganze nicht allzu trocken wird, haben wir uns erlaubt, sowohl in den Übungen als auch in den Beispielen möglichst viel Humor einzustreuen, nach dem Motto: Je interessanter oder ausgefallener die Situationen, desto leichter lassen sich die Regeln merken. Unsere Bitte also: Nehmen Sie nicht alles in dieser Grammatik so tierisch ernst – es soll ja auch ein bißchen Spaß machen!

Zu Ihrer Erleichterung haben wir auch die Beispiele ins Deutsche übersetzt. Die Regeln, die in Kästchen erscheinen, werden auf anschauliche Weise von den Beispielen abgeleitet, so daß sie sich besser einprägen lassen. Zur späteren Wiederholung oder Auffrischung können Sie dann die »Frosch-Technik« anwenden, indem Sie einfach von Kästchen zu Kästchen hüpfen.

Da Sie Ihr Englisch sicherlich auch im Ausland anwenden werden, ist das Buch nicht zuletzt »reiseorientiert«, wie Sie an manchen Beispielsätzen und vor allem an den Übungen merken werden.

Bei den grammatischen Bezeichnungen ging es uns vor allem um die Verständlichkeit – daher haben wir »aus mehreren Töpfen geschöpft«. So finden Sie neben älteren auch modernere Begriffe und gelegentlich sogar englische Bezeichnungen, je nachdem, was im Einzelfall am sinnvollsten erschien.

Ein Tip noch: Nehmen Sie sich nicht vor, das ganze Buch auf einmal zu verschlingen – das wäre ein zu großer Brocken und zum Schluß könnten Sie noch Schluckauf kriegen. Versuchen Sie lieber, jeweils einen der kurzen, appetitlichen Happen voll auszukosten – so kommen Sie sicher und ohne Verdauungsbeschwerden ans Ziel.

Wir wünschen Ihnen dabei viel Spaß und Erfolg!

Autoren und Verlag

1 Die Artikel

Zu Beginn des Buches gleich etwas Erfreuliches: Es gibt Teile der englischen Grammatik, die lange nicht so kompliziert sind wie im Deutschen. Dazu gehören auch die sogenannten Artikel:

the	*der, die, das* (usw.)
a/an	*ein, eine* (usw.)

Während man nämlich im Deutschen jedes Wort gewissenhaft einer *der-*, *die-* oder *das-*Kategorie zuteilt, nehmen es die Engländer mit dem Geschlecht nicht so genau. (Es herrscht sozusagen die grammatische Gleichberechtigung.) Das heißt, ganz egal, ob ein Wort im Deutschen männlich, weiblich oder sächlich ist, sagt man im Englischen immer ***the*** (auch in der Mehrzahl) bzw. ***a/an***:

the train	*der Zug*
the world	*die Welt*
the office	*das Büro*
the holidays	*die Ferien*

a mirror	*ein Spiegel*
a road	*eine Straße*
a car	*ein Auto*
an airport	*ein Flughafen*
an address	*eine Adresse*
an egg	*ein Ei*
an hour	*eine Stunde*
a university	*eine Universität*

Wann nimmt man aber *a* und wann *an*? Das hängt allein von der **Aussprache** des nachfolgenden Wortes ab:

■ Der unbestimmte Artikel *a* steht vor Wörtern, die **in der Aussprache** mit einem **Konsonanten** (Mitlaut wie *b, c, d, f*) beginnen:

a boy (ein Junge), *a girl* (ein Mädchen), aber auch *a uniform* (eine Uniform) – gesprochen »juh...«.

■ *an* steht vor Wörtern, die **in der Aussprache** mit einem **Vokal** (Selbstlaut: *a, e, i, o, u*) anfangen:

an apple (ein Apfel), *an eye* (ein Auge), aber auch *an hour* (eine Stunde) – gesprochen »aua«.

Beim Gebrauch von *a/an* müssen wir allerdings ein bißchen aufpassen, denn diese kleinen Wörtchen werden zum Teil anders verwendet als »ein« (usw.) auf deutsch. Wie generell in diesem Buch wollen wir uns aber hier nur auf das konzentrieren, was für Sie wirklich wichtig ist.

Zunächst zeigen wir Ihnen, wo man den unbestimmten Artikel im Englischen verwendet, im Deutschen aber nicht:

I'm **a** plastic surgeon.	*Ich bin Schönheitschirurg.*
He's still **a** student.	*Er studiert noch.*
My cousin's **an** American.	*Mein Cousin ist Amerikaner.*
I used to be **a** Protestant.	*Ich war früher evangelisch.*

Bei Angaben zu **Beruf, Beschäftigung, Staatsangehörigkeit** und **Konfession** steht der unbestimmte Artikel *a/an*.

Und ein weiterer Unterschied:

The bananas are 75p **a** pound.	*Die Bananen kosten 75 Pence das Pfund.*
We must be doing almost 100 miles **an** hour!	*Wir fahren bestimmt fast 160 Stundenkilometer!*

We must be doing almost 100 miles an hour

He calls me up about twenty times **a** day.	*Er ruft mich ungefähr zwanzig Mal am Tag an.*

> Bei Angaben zu **Preis, Geschwindigkeit, Häufigkeit** usw. verwendet man im Englischen *a/an* für das deutsche »pro/je«, »in der/im« usw. *(twice a week).*

Beachten Sie auch, wie es sich mit größeren Zahlen verhält:

a/one hundred	*hundert*
a/one thousand	*tausend*
a/one hundred and forty	*hundertvierzig*
a/one thousand and one	*eintausendeins*

> Im Gegensatz zum Deutschen steht vor *hundred* und *thousand* der unbestimmte Artikel *a* oder, zur Betonung, *one*.

Andererseits gibt es auch Fälle, bei denen im Deutschen der unbestimmte Artikel stehen kann, im Englischen aber nicht:

I've got **news** for you.	*Ich habe **eine Nachricht** für Sie.*
I need **some information** fast!	*Ich brauche schnell **eine Information**!*

Bei *information* (Auskunft, Information), *news* (Nachricht[en]) und *advice* (Ratschlag, Ratschläge) steht **nie** *a/an*. Statt dessen nimmt man *some* bzw. bei Fragen und in der Verneinung *any**, oder auch gar nichts.

Doppelt genäht hält besser! Aber daß die Engländer ihre Hosen, Scheren und Brillen immer paarweise kaufen, ist ein Gerücht. Es klingt nämlich nur so:

He finally bought **a** new **pair of trousers** last week.

Letzte Woche hat er sich endlich ***eine neue Hose*** *gekauft.*

I think we need **some** stronger bathroom **scales.**

Ich glaub', wir brauchen ***eine*** *strapazierfähigere* ***Waage.***

Vor Wörtern wie den folgenden steht nicht einfach *a/an*, sondern *a pair of* (besonders beim Einkaufen), *some/any*, oder auch gar nichts:

(a pair of)	*trousers*	eine Hose
"	*jeans*	(eine) Jeans
"	*pyjamas*	ein Schlafanzug
"	*shorts*	Shorts
"	*swimming trunks*	eine Badehose
"	*pants*	eine Unterhose
"	*glasses*	eine Brille
"	*scissors*	eine Schere
"	*scales*	eine Waage

Was die Wortstellung betrifft, gibt es beim unbestimmten Artikel kaum Unterschiede in den beiden Sprachen. Ein paar kleine Ausnahmen sollte man sich jedoch merken:

half an hour   *eine halbe Stunde*
quite a lot   *eine ziemliche Menge*

Der unbestimmte Artikel steht **hinter** *half* und *quite*.

* Mehr darüber in Kapitel 20, ab Seite 131.

Und nun zwischendurch eine kleine Verdauungsübung:

ÜBUNG 1a*   Lösung siehe Seite 140 ff.

Setzen Sie in die Lücken, wo es möglich und sinnvoll ist, *a/an, some/any* bzw. *a pair of* ein:

The bus to town was _____ half _____ hour late. When I got to the department store[1], I went straight up to _____ shop assistant[2] and said, "I need _____ advice. I'm going on holiday tomorrow and I want to buy _____ shorts." But all they had in my size[3] were _____ striped[4] pyjamas and _____ woollen trousers. So I took the pyjamas, bought _____ scissors on the next floor[5], and cut the pyjama legs off above the knee. When I showed my wife she said, "They're very nice, dear, but I've told you _____ hundred times you don't need _____ shorts in Reykjavik in November."

[1] Kaufhaus [2] Verkäufer(in) [3] Größe [4] gestreift [5] Etage

Auch beim Gebrauch von *the* gibt es einige wichtige Unterschiede zum Deutschen. Grundsätzlich kann man sagen, daß *the* im Englischen kein so gefragter Artikel ist wie sein deutsches Gegenstück:

History repeats itself.	*Die Geschichte wiederholt sich.*
I hate work.	*Ich kann **die** Arbeit nicht leiden.*
Such is life.	*So ist **das** Leben.*

Abstrakte Begriffe stehen im Englischen allgemein ohne *the:*

fear	die Furcht	*excitement*	die Aufregung
anger	der Zorn	*politics*	die Politik
love	die Liebe	*society*	die Gesellschaft
luck	das Glück	*man*	der Mensch usw.

---

* Die hochstehenden Ziffern in den Übungen verweisen auf Erklärungen zum Vokabular am Ende der Übungen.

Aber:

He knows nothing about *Er weiß nichts über die*
the history of England. *Geschichte Englands.*
(Gemeint ist hier eine ganz bestimmte Geschichte, nämlich
die Englands, und nicht die Geschichte im allgemeinen.)

The life I'm leading *Das Leben, das ich*
at the moment is *momentan führe, macht*
getting me down. *mich fertig.*
(Gemeint ist nicht das Leben schlechthin, sondern das Leben,
das er gerade führt.)

> Wenn Begriffe wie *fear, life* usw. **durch einen Zusatz
> eingeschränkt oder näher erläutert** werden, verwendet man *the.*

Ähnlich sieht es auch in folgenden Fällen aus:

I can never get her **out of
bed** in the mornings.

*Ich krieg' sie morgens
nie aus dem Bett.*

What did you do **at
school** today?

*Was hast du heute
in der Schule gemacht?*

What did you do at school today?

> Auch Wörter wie die folgenden stehen **ohne *the***, wenn
> man sie sich allgemein als »Institution« oder »Einrichtung« vorstellt bzw. wenn ihre **Funktion** im Vordergrund steht:
>
> | | | | |
> |---|---|---|---|
> | *school* | die Schule | *church* | die Kirche |
> | *hospital* | das Krankenhaus | *bed* | das Bett |
> | *prison* | das Gefängnis | | |

Also:

go to school/go to church (als Schüler/Gläubiger), *in hospital/ in prison/in bed* (als Patient/Gefangener/Schlafender) usw.

So auch hier:

| He was taken **to hospital.** | *Er wurde ins Krankenhaus gebracht.* |

(In **welches** Krankenhaus er gebracht wurde, ist unwichtig; es geht in erster Linie darum, daß er ärztlich versorgt werden mußte.)

Aber:

| **The hospital he's in** isn't very good. | *Das Krankenhaus, in dem er liegt, ist nicht sehr gut.* |

(Gemeint ist hier ein **bestimmtes** Krankenhaus, im Gegensatz zu anderen.)

Ähnlich auch:

| I think **the** bed's going to collapse. | *Ich glaube, das Bett bricht gleich zusammen.* |

(Hier geht es um den konkreten Gegenstand und nicht um das Bett als »Schlafinstitution«.)

Noch ein letztes Beispiel, um den Unterschied deutlich zu machen:

| Where's Dad? – He's **at the school.** | *Wo ist Papi? – Er ist in der Schule.* |

(z.B. bei der Elternsprechstunde)

Wäre die Antwort: *He's at school* (ohne *the*), hieße es, der Papi drückt wieder (oder immer noch!) die Schulbank, oder aber er ist Lehrer.

Sehen wir jetzt einmal, was es mit der restlichen Familie und den Freunden auf sich hat:

| Grandma's in the shower. | *(Die) Oma ist unter der Dusche.* |

Peter's playing football in his room.	*(Der) Peter spielt in seinem Zimmer Fußball.*
Poor Mrs Jones!	***Die** arme Mrs. Jones!*

Aber:

The Walkers are away on a hiking holiday.	*Die Walkers sind auf Wanderurlaub.*

■ Namen von **einzelnen** Personen sowie Verwandt-schaftsbezeichnungen stehen **ohne** *the (Sean, Mum).*

■ In der **Mehrzahl** nimmt man wie im Deutschen den bestimmten Artikel *(the Gibsons).*

Ähnlich verhält es sich bei Länder- und Straßennamen sowie Namen von Gebäuden, Parks usw.:

I come from Switzerland.	*Ich komme aus **der** Schweiz.*
Last year we went to Turkey for the sixth time.	*Letztes Jahr fuhren wir zum sechsten Mal in **die** Türkei.*

We found him outside Buckingham Palace.

*Wir haben ihn vor **dem** Buckingham-Palast gefunden.*

We found him outside Buckingham Palace

■ **Länder-, Straßen-** und **Gebäudenamen** usw. in der Einzahl haben allgemein **keinen bestimmten Artikel.**

■ Bei Namen in der Mehrzahl steht wie im Deutschen der Artikel: ***the Philippines*** (die Philippinen).

Und zu guter Letzt: Bei der Wortstellung sollte man sich (ähnlich wie bei den unbestimmten Artikeln) folgende Beispiele merken, die vom Deutschen abweichen:

Half the time she's asleep.   *Sie schläft die halbe Zeit.*

Strangely enough, **all**   *Komischerweise sind die*
the cheques bounced.   *ganzen Schecks geplatzt.*

He's lost **both (the) tickets.**   *Er hat beide Tickets/die*
    beiden Tickets verloren.

---

the steht **hinter** *half, all* und *both.*

Wie gesagt, doppelt genäht hält besser: Deswegen zum Schluß ein zweiter kleiner Test.

ÜBUNG 1b   Lösung siehe Seite 140 ff.

Setzen Sie, wo notwendig, den bestimmten Artikel ein:

My friend Emil from _____ Switzerland hates _____ work. He spends _____ half _____ day in _____ bed and the other half playing the piano, which drives _____ all _____ neighbours crazy[1]. But for him _____ music and _____ rest are the most important things in _____ life.
After going through _____ hell[2] for a year, the neighbours were pleased to hear last night that _____ Emil had broken both his arms in a football match at _____ school down the road. They have sent him a card telling him that they will look after _____ both _____ plants on his piano and that he should have a good, long rest in _____ hospital.

---

[1] *drive crazy* = verrückt machen   [2] Hölle

2 Das Substantiv
(Hauptwort)

Wir wollen das Kind beim rechten Namen nennen. Aber nicht nur das Kind. Und für solche Fälle benötigen wir Substantive, oder Hauptwörter, denn sie sind es, die den Menschen, Tieren, Dingen und Begriffen ihren Namen geben.

Der wichtigste Unterschied zum Deutschen gleich vorweg: Das englische Substantiv wird in der Regel klein geschrieben – *hotel* (Hotel), *food* (Essen) usw. Gelegentlich gibt es jedoch auch die Großschreibung, die aber dann generell mit der deutschen übereinstimmt:

Eigennamen, Titel:	*Tony, Mrs Miller, Dr Peter Evans*
Wochentage, Monate:	*Thursday, December*
historische Bezeichnungen:	*Magna Carta, the Battle of Waterloo*
Feste, religiöse Bezeichnungen:	*Christmas Day, Easter, Christianity, Hinduism, Jew, Moslem, the Bible*
Länder, Orte:	*Austria, Asia, Timbuktu*
Institutionen, Organisationen:	*the Royal Automobile Club, the Open University*
Überschriften, Buch- und Filmtitel:	*One Flew over the Cuckoo's Nest, Gone with the Wind*

Übrigens:
Auch das Fürwort *I (= ich)* wird im Englischen immer groß geschrieben. Man macht eben keinen Hehl daraus, wer die Nummer Eins ist!

Mit dem Geschlecht der Substantive nehmen es die Engländer, wie wir gerade im ersten Kapitel gesehen haben, meist nicht so genau wie die Deutschen. Da es aber auch in England Frauen und Männer, Prinzen und Prinzessinnen gibt, hielt man es für sinnvoll, in einigen Fällen doch auf den kleinen Unterschied hinzuweisen:

MÄNNLICH		WEIBLICH	
prince	*Prinz*	princess	*Prinzessin*
actor	*Schauspieler*	actress	*Schauspielerin*
waiter	*Kellner,*	waitress	*Kellnerin,*
	»Ober«		*»Fräulein«*
boyfriend	*Freund*	girlfriend	*Freundin*
superman	*Supermann*	superwoman	*Superfrau*

Allgemein jedoch wird das gleiche Wort für beide Geschlechter verwendet. Nur zur Betonung oder, um Mißverständnisse zu vermeiden, setzt man bei den Damen *lady, female* bzw. *woman* voran:

doctor	*Arzt*	(lady)	doctor	*Ärztin*
teacher	*Lehrer*	(woman)	teacher	*Lehrerin*
cousin	*Cousin*	(female)	cousin	*Cousine*
student	*Student*	(female)	student	*Studentin*

Umgekehrt geht es inzwischen aber auch:

model	*Mannequin*	(male)	model	*Dressman*

Und weiter geht's mit der Bildung der Mehrzahl. Auch sie ist nicht so kompliziert wie im Deutschen, doch auch nicht ganz ohne Tücken, denn das wäre zuviel erwartet.

EINZAHL (SINGULAR)		MEHRZAHL (PLURAL)	
book	*Buch*	books	*Bücher*
pencil	*Bleistift*	pencils	*Bleistifte*
plane	*Flugzeug*	planes	*Flugzeuge*

> Die **Mehrzahl** des Substantivs wird in den meisten
> Fällen durch Anhängen von *-s* an die Einzahl gebildet.

Aber:

bus	*Bus*	**buses**	*Busse*
dress	*Kleid*	**dresses**	*Kleider*
wish	*Wunsch*	**wishes**	*Wünsche*
sandwich	*Sandwich*	**sandwiches**	*Sandwich(e)s*
tax	*Steuer*	**taxes**	*Steuern*

> Bei Substantiven, die auf *-s, -ss, -sh, -ch* oder *-x* enden,
> bildet man die Mehrzahl durch Anhängen von *-es* an
> die Einzahl.

Und:

lady	*Dame*	**ladies**	*Damen*
hobby	*Hobby*	**hobbies**	*Hobbys*
day	*Tag*	**days**	*Tage*

> ■ Bei Substantiven, die mit *-y* nach einem Konsonan-
> ten (*p, b, d* usw.) enden, wird aus dem *-y* in der
> Einzahl *-ies* in der Mehrzahl.
>
> ■ Bei End-*y* nach einem Vokal (*a, e, i, o, u*) wird einfach
> ein *-s* angehängt (*day* → *days*).

Folgende unregelmäßige Mehrzahlbildungen lernt man am
besten auswendig (unbekannte Wörter sollten Sie in einem
Wörterbuch nachschlagen):

**wife/wives, life/lives, knife/knives, half/halves,
calf/calves, shelf/shelves, leaf/leaves, thief/thieves,
wolf/wolves, loaf/loaves, scarf/scarves** (*oder* **scarfs**)

tomato/tomatoes, potato/potatoes, hero/heroes

**man/men, Englishman/Englishmen, Dutchman/
Dutchmen** (*aber*: **German/Germans!**)**, woman/women**
(*beachten Sie hier die Aussprache:* »wum'n«/»wimin«.)

foot/feet, tooth/teeth; mouse/mice

**sheep/sheep, deer/deer, salmon/salmon, fish/fish*,
Swiss/Swiss, Japanese/Japanese**

mother-in-law/mothers-in-law usw., **passerby/passers-
by; woman driver/wom<u>en</u> driver<u>s</u>**

child/children (*Aussprache*: »tschaild«/»tschildren«)

Mit *pyjamas, glasses, scissors* und dergleichen haben wir schon
in Kapitel 1 Bekanntschaft gemacht. Sie gehören zu den
Substantiven, die nur in der Mehrzahl erscheinen:

These new **trousers are** a bit tight.	*Diese neue Hose **ist** ein bißchen eng.*
I think he needs **glasses.**	*Ich glaube, er braucht eine Brille.*

Folgende Wörter stehen **immer in der Mehrzahl:**

trousers	Hose	*scissors*	Schere
jeans	Jeans	*glasses*	Brille
pyjamas	Schlafanzug	*clothes*	Kleidung
swimming trunks	Badehose	*outskirts*	Stadtrand
		thanks	Dank
pants	Unterhose		

■ *police* (=Polizei) wird auch als Mehrzahl verstanden
(*The police **have** caught the man*).

Damit das Gleichgewicht schnell wiederhergestellt wird, gibt
es dann die Wörter, die **keine** Mehrzahl bilden können (hier-
von haben wir ebenfalls in Kapitel 1 schon einige kennenge-
lernt):

This **information** is highly confidential.	*Diese **Informationen** sind streng vertraulich.*

---

* Die Mehrzahl *fishes* gibt es auch; diese Form ist aber nicht sehr gebräuchlich.

Folgende Wörter stehen **nie in der Mehrzahl:**

information	Information, Informationen
advice	Rat, Ratschlag, Ratschläge
knowledge	Kenntnis, Kenntnisse, Wissen
progress	Fortschritt, Fortschritte
furniture	Möbel

■ *news* (=Nachricht[en]) wird ebenfalls als Einzahl behandelt (*The news **wasn't** very good*).

■ *hair* (Einzahl) bedeutet »Haare«; *hairs* (Mehrzahl) wird nur gebraucht, wenn es um einzelne Haare geht (*I've only got three hairs on my chest*).

Und noch eine englische Besonderheit:

Our tiddlywinks team **is/are** the best in the country.	*Unsere Flohhüpfmannschaft **ist** die beste im Land.*

Folgende Gruppenbezeichnungen gelten als Einzahl oder Mehrzahl, je nachdem, ob man sich die Gruppe eher als **Einheit** vorstellt (*Einzahl*) oder an die **einzelnen Personen/Mitglieder** denkt (*Mehrzahl*):

team	Mannschaft	*crowd*	Publikum, Menge
party	Partei	*government*	Regierung
class	Klasse	*public*	Öffentlichkeit
family	Familie	*army*	Armee

Ein letzter Unterschied zwischen Deutsch und Englisch im Gebrauch der Mehrzahl:

All I got for my masterpiece was twenty pound**s**!	*Für mein Meisterwerk hab' ich bloß zwanzig Pfund gekriegt!*

Preise, Gewichte und **Maßangaben** stehen im Gegensatz zum Deutschen generell in der **Mehrzahl.**

21

Und noch ein Wort zum sogenannten Genitiv (Besitzfall) im Englischen. Hier unterscheidet man grundsätzlich zwischen a) **Menschen und Tieren** und b) **Dingen:**

1 The **boy's** father is a ventriloquist.

Der Vater des Jungen ist Bauchredner.

2 That **dog's** expression reminds me of you when you're mad.

Der Gesichtsausdruck des Hundes erinnert mich an dich, wenn du wütend bist.

3 Our **neighbours'** new car isn't as nice as ours.

Der neue Wagen unserer Nachbarn ist nicht so schön wie unserer.

4 I love that old house at the **end of the road.**

Ich bin ganz verliebt in das alte Haus am Ende der Straße.

■ Um den Genitiv zu bilden, fügt man **bei Menschen und Tieren** in der **Einzahl** ein **-'s** an (**1** , **2**).

■ In der **Mehrzahl** wird **-s'** angehängt (**3**).

■ Bei **Dingen** setzt man *of* voran (**4**).

Auch bei Angaben wie den folgenden nimmt man *of*:

a tin of beans	*eine Büchse/Dose Bohnen*
a box of chocolates	*eine Schachtel Pralinen*
a pile of newspapers	*ein Haufen Zeitungen*
a packet of cigarettes	*eine Schachtel Zigaretten*

Aber:

a dozen eggs   *ein Dutzend Eier*

Nun dürfen Sie das, was Sie gelernt haben, wieder in einem Test anwenden.

Setzen Sie in folgender Geschichte die richtigen Wörter in die Lücken ein. Dabei müssen Sie auch darauf achten, ob die englischen Substantive in der Einzahl oder Mehrzahl verwendet werden.

My family _____ *(sein)* rather large, but we all live together in the same house. One _____ *(Sonntag)* afternoon last _____ *(Februar)*, Jeremy – one of my _____ *(Schwäger)* – came into the kitchen while I was peeling the _____ *(Kartoffeln)* for supper, took one and said: "I've got _____ *(eine Neuigkeit)* for you, Frank. The _____ *(Japaner)* have developed some fantastic new contact lenses for people who are shortsighted and colour-blind like you. You can throw away your _____ *(Brille)* at last! By the way, these are good – are we having apple pie tonight?"
The next day I decided to go and see my eye specialist, who lives on the _____ *(Rand)* of town, to ask for her _____ *(Rat)*. She is a very popular _____ *(Ärztin)* and, as usual, the waiting-room was full of _____ *(Frauen)* and screaming _____ *(Kinder)*. When I was finally called in, I managed to walk into some of the _____ *(Möbel)* and equipment[1] before sitting down in the doctor's chair. But Dr Speck's _____ *(Kenntnisse)* of eye problems _____ *(sein)* amazing[2], and she gave me a pile of brochures with lots of _____ *(Informationen)* on the latest contact lenses. I had started reading them on the way out when I suddenly hit my head against the door and fell back into the _____ *(Arme der Ärztin)*. When I looked up, I saw Dr Speck's true face for the first time – as if by some miracle[3] I had lost my shortsightedness and colour-blindness. My eye specialist had friendly blue _____ *(Augen)*, perfectly straight _____ *(Zähne)*, lovely curly _____ *(Haare)* and – a bushy black moustache[4].

[1]Geräte [2]erstaunlich [3]Wunder [4]Schnurrbart

3 Die Pronomen
(Fürwörter)

»Pronomen – was sind denn das für Wörter?«
»Na, die Fürwörter!«
»Was für Wörter?«
»Ganz einfach – es sind kleine Wörter, die für andere Wörter stehen.«

Und um diese geht es uns hier. Als erstes zeigen wir Ihnen in der folgenden Tabelle die wichtigsten **persönlichen** Pronomen:

I	ich	*me*	mich/mir
you	du; Sie	*you*	dich/dir; Sie/Ihnen
he	er	*him*	ihn/ihm
she	sie	*her*	sie/ihr
it	es; er; sie	*it*	es/ihm; ihn/ihm; sie/ihr
we	wir	*us*	uns
you	ihr; Sie	*you*	euch; Sie/Ihnen
they	sie *(Mehrzahl)*	*them*	sie/ihnen

Sehen wir uns jetzt einige dieser Pronomen in ganzen Sätzen an – da tauchen dann schnell ein paar Unterschiede zum deutschen Gebrauch auf:

What's your goat called? – **He**'s called William.	*Wie heißt dein Ziegenbock? – Er heißt William.*
They were annoying the parrot, so **it** told them to get lost.	*Sie haben den Papagei geärgert, da sagte er, sie sollen verschwinden.*
I can't find that bill anywhere. You haven't thrown **it** away, have you?	*Ich find' die Rechnung nirgends. Du hast sie doch nicht weggeworfen, oder?*
D'you like my new Ferrari? Isn't **she** a beauty?	*Gefällt dir mein neuer Ferrari? Ist er nicht wunderschön?*

24

- Nur bei **Menschen** und **Haustieren** unterscheidet man bei den Pronomen nach dem Geschlecht (*he/she*).
- **Tiere,** zu denen man keine engere Beziehung hat, werden meistens als sächlich betrachtet (*it*).
- **Dinge** und **Begriffe** sind normalerweise sächlich.

Allerdings betrachtet manch einer sein Auto oder Boot gern als weiblich ...

Wie dem auch sei, es bleibt die Frage: Wohin mit den Pronomen? Bei der Wortstellung bieten sich im Englischen immer zwei Möglichkeiten an:

She gave the beggar the false banknote./	*Sie gab dem Bettler den falschen Geldschein./*
She gave the false banknote **to** the beggar.	*Sie gab den falschen Geld-schein dem Bettler.*
She gave **him it.** She gave **it to him.**	*Sie gab ihn ihm.*

Nun aber wieder zu etwas, das im Englischen wesentlich einfacher ist als im Deutschen:

Die Possessivpronomen

My uncle and both **my** aunts are playing ludo with **your** grandmother.	*Mein Onkel und meine beiden Tanten spielen mit deiner Großmutter Mensch-Ärgere-Dich-Nicht.*

Die Possessivpronomen (*my, your* usw.) sind im Eng-lischen **unveränderlich.**

Das heißt: Egal, ob man z. B. *mein, meine, meinem, meiner, meines* usw. (Einzahl oder Mehrzahl) ausdrücken will, im Englischen heißt es immer **my.**

Hier eine Übersicht:

my	mein(e, -er, -es *usw.*)
your	dein *usw.*; Ihr *usw.*
his	sein *usw.*
her	ihr *usw.*
its	sein *usw.*; ihr *usw.*
our	unser *usw.*
your	euer *usw.*; Ihr *usw.*
their	ihr *(Mehrzahl) usw.*

Die substantivischen Pronomen

Man kennt ja den Typ – das ist meins, dies ist auch meins ... besitzergreifend nennt man das. Für ihn sind sämtliche Possessivpronomen – oder besitzanzeigende Pronomen – unentbehrlich, deswegen muß er sich noch ein paar merken:

That's **my gin and tonic.**   *Das ist **mein Gin-Tonic.***
– No it's not, it's **mine.**   *– Nein, es ist **meiner**/ er gehört mir.*

Is this **your toupee?**   *Ist dies **Ihr Toupet?***
Excuse me, is this **yours?**   *Pardon, ist dies **Ihres**/ gehört das Ihnen?*

Auch hier gilt:

Die substantivischen Pronomen (*mine, yours* usw.) sind im Englischen **unveränderlich.**

Und die Übersicht:

mine	meins, meine(r) *usw.*
yours	deins *usw.*; Ihrs *usw.*
his	seins *usw.*
hers	ihrs *usw.*
its	seins *usw.*; ihrs *usw.*
ours	unsers *usw.*
yours	euers *usw.*; Ihrs *usw.*
theirs	ihrs *(Mehrzahl) usw.*

Dann hätten wir noch eine wichtige Gruppe:

Die Reflexivpronomen

Our shoes were so shiny that **we** could see **ourselves** in them.	*Unsere Schuhe glänzten so sehr, daß **wir uns** darin sehen konnten.*
Help **yourselves**!	*Bedient **euch**!*
I could kick **myself**.	*Ich könnte **mich** in den Hintern treten.*

Die Reflexivpronomen (*myself, yourself* usw.) entsprechen dem deutschen »mich/mir«, »dich/dir« usw.

Die Übersicht über die Reflexivpronomen:

---

*I could hurt **myself**.*   (Ich könnte mir weh tun.)
*You could hurt **yourself**.*
*He could hurt **himself**.*
*She could hurt **herself**.*
*It could hurt **itself**.*
*We could hurt **ourselves**.*
*You could hurt **yourselves**.*   (Ihr ... euch ...)
*They could hurt **themselves**.*

Dann gibt es aber einige Fälle, in denen das Reflexivpronomen im Deutschen erscheint, im Englischen jedoch nicht:

We're really **looking forward to** the barbecue.	*Wir **freuen uns** riesig auf die Grillparty.*
I can hardly **move** after all that exercise.	*Ich kann **mich** nach all der Gymnastik kaum bewegen.*

Hier einige der wichtigsten dieser Art von Verben:

look forward to	sich freuen auf
change	sich ändern
hurry up	sich beeilen

meet	sich treffen
be interested in	sich interessieren für
remember	sich erinnern
move	sich bewegen
get dressed	sich anziehen
get annoyed	sich ärgern
concentrate	sich konzentrieren

Im Zweifelsfall nehmen Sie am besten ein Wörterbuch zur Hilfe.

Hier heißt es aber: Do-it-yourself! Selbst ist der Mann – und natürlich auch die Frau:

Did she really write this **herself?**	*Hat Sie das wirklich **selbst** geschrieben?*
We were quite embarrassed **ourselves.**	*Es war uns **selbst** ganz peinlich.*
I can cook **myself.**	*Ich kann **selbst** kochen.*

(Dieser Satz könnte auch heißen »Ich kann **mich selbst** kochen«, was jedoch unwahrscheinlich wäre.)

Die **Reflexivpronomen** entsprechen auch dem deutschen »**selbst**« bzw. »**selber**«. Sie stehen meistens am Ende des Satzes oder, wie im Deutschen, direkt hinter dem hervorgehobenen Wort.

Bei folgenden Sätzen heißt es wieder aufpassen:

We always help **each other/one another** with the crossword.	*Wir helfen **uns** immer **(gegenseitig)** mit dem Kreuzworträtsel.*
They're screaming at **each other** again.	*Sie schreien **sich** wieder **(gegenseitig)** an.*

Wenn man dem Reflexivpronomen »**sich**« im Deutschen »**gegenseitig**« hinzufügen kann, nimmt man im Englischen *each other* oder (besonders bei mehr als zwei Personen) *one another*.

Eine letzte Besonderheit bilden die Präpositionen des Ortes wie *behind* (hinter), *in front of* (vor) usw.:

He never shuts the door
behind him.

*Er macht die Tür nie
hinter sich zu.*

Nach **Ortspräpositionen** kommen im Englischen meistens die persönlichen Pronomen *me, them* usw.

He never shuts the door behind him

Die Fragepronomen

Was nun, wenn wir um Auskunft bitten? **Welche** Pronomen kommen da in Frage? **Wer** sich die fettgedruckten Wörter genauer ansieht, der weiß schon, worum es hier geht:

Who hasn't done the
washing up yet this week?

*Wer hat diese Woche noch
nicht abgespült?*

Who's he brought with
him this time?

*Wen hat er diesmal
mitgeschleppt?*

Whose football is this?
(*Oder:* **Who** does this
football belong **to**?)

*Wessen Fußball ist dies?/
Wem gehört dieser
Fußball?*

Who did you get that
fur coat **from**?

*Von wem hast du den
Pelzmantel?*

Die Fragepronomen bei Personen lauten:

Nominativ	Akkusativ	Genitiv	Präpositionsfall
(wer)	(wen)	(wessen)	(wem)
who	*who*	*whose*	*who ... to, from* usw.
	(seltener:)		(seltener:)
	whom		*whom ... to, from* usw.
			to, from usw. *whom*

Bei Dingen lauten die Fragepronomen *what* und *which*:

What colour did you paint the living room this time?

Welche Farbe hast du diesmal fürs Wohnzimmer genommen?

What shall we have to eat today?

Was sollen wir heute essen?

Which one did you like best?

Welche(r, -s) hat dir am besten gefallen?

What shall we have to eat today?

- ■ Mit *what* fragt man meistens ganz allgemein.
- ■ Mit *which* fragt man nach einer Sache oder Person aus einer bestimmten Reihe oder Gruppe.

Die Demonstrativpronomen

Jeder hat das Recht zu demonstrieren, aber die Demonstrativpronomen haben gleich einen Beruf daraus gemacht. Ihre Aufgabe besteht darin, ganz gezielt die Aufmerksamkeit auf bestimmte Dinge zu lenken:

Is **this** your car?	*Ist **das** Ihr Auto?*
That dog doesn't seem to like you.	*Der Hund **da** scheint dich nicht zu mögen.*
These are my two sons, Oliver and Stan.	***Dies** sind meine beiden Söhne, Oliver und Stan.*
Why are all **those** people staring at me?	*Warum starren mich **die** ganzen Leute **dort** an?*

Is this your car?

- ■ *this* (Einzahl) und *these* (Mehrzahl) deuten meistens auf etwas **Näherliegendes**, auch im zeitlichen Sinn.
- ■ *that* (Einzahl) und *those* (Mehrzahl) deuten meistens auf etwas **Fernerliegendes**, auch im zeitlichen Sinn.

Wir haben's geschafft. Um diese wahrhafte Fülle an Stoff zu festigen, gibt es wie üblich eine Übung, die diesmal entsprechend umfangreich ausgefallen ist.

Versuchen Sie, im folgenden Text die richtigen Pronomen in die Lücken zu setzen (in ein paar Fällen sind zwei Antworten möglich).

– _____ (*welche*) is your yacht then?
– That's _____ (*sie*) over there. _____ (*mein*) Uncle Geoff gave _____ (*sie*) to _____ (*mir*) a few months ago. _____ (*er*) was a keen[1] sailor until _____ (*er*) fell in love with a seasick waitress. The only problem is, he made _____ (*mich*) promise to take _____ (*seine*) two dogs, Esmerelda and Spot, with _____ (*mir*) whenever I go sailing. I can see _____ (*sie*) sitting on the deck now, waiting for _____ (*mich*). Two weeks ago we even took part in a regatta. We were really enjoying _____ (*uns*) until a big blue yacht started overtaking[2] _____ (*uns*) close by.
Esmerelda got so upset[3] that _____ (*sie*) jumped onto it before I could stop _____ (*sie*). Spot was after _____ (*ihr*) like a shot[4], and together _____ (*sie*) managed to knock one of the yachtsmen overboard. When I looked over the railing to see whether he had hurt _____ (*sich*), I was horrified[5] to see my boss, Mr Drake, splashing about in the water. It was a Monday afternoon and both of _____ (*uns*) should have been at work. When he saw _____ (*mich*) he was shocked _____ (*selbst*). We just grinned at _____ (*uns*) sheepishly[6], and all he said was, "Nice dogs. Are they _____ (*Ihre*)?"
Back at the office the next day, he offered _____ (*mir*) a job with _____ (*unserer*) Hong Kong subsidiary[7] – he said he thought the two "seadogs"[8] would also enjoy fresh waters ...

[1]begeistert [2]überholen [3]aufgeregt [4]wie der Blitz [5]entsetzt
[6]verlegen [7]Zweigstelle [8]Seebären

4 Das Adjektiv (*Eigenschaftswort*)

Was wäre die Welt ohne Adjektive? Buchstäblich nicht zu beschreiben, denn diese Wörter ermöglichen es uns erst, zu vermitteln, was wir so alles sehen, erleben oder empfinden in dieser unserer farbigen Welt.

Aber zu bunt wollen wir es in diesem Kapitel nicht treiben, sondern Ihnen eine knappe Einführung in diese Wortart bieten, damit Sie's mal schwarz auf weiß haben. Im Englischen haben wir denn auch das Glück, daß das Adjektiv in seiner Grundform immer gleichbleibt, egal, ob es sich auf Mann oder Frau, Einzahl oder Mehrzahl bezieht:

a **fat** man	*ein **dicker** Mann*
an **impatient** woman	*eine **ungeduldige** Frau*
a **hopeless** case	*ein **hoffnungsloser** Fall*
Those **cheeky** kids!	*Diese **frechen** Kinder!*

In unserem Zeitalter der Superlative sollte man aber auch sagen können, welcher der schnellste Wagen ist, welcher der korrupteste Diktator usw. Wie geht das auf englisch?

Die Steigerung der Adjektive

POSITIV	KOMPARATIV	SUPERLATIV
1 long *lang(e,-er,-es)*	long**er** *länger(e,-er,-es)*	long**est** *längste(r,-s)/ am längsten*
2 deep	deep**er**	deep**est**
3 big	big**ger**	big**gest**
4 thin	thin**ner**	thin**nest**
5 nice	nic**er**	nic**est**

> ■ **Einsilbige*** Adjektive werden mit *-er/-est* gesteigert
> (**1**,**2**).
>
> ■ Ein **einzelner Endkonsonant** (*b*,*d*,*g* usw.) nach
> einem kurzen Vokal (*a*,*e*,*i*,*o*,*u*) wird verdoppelt
> (**3**,**4**).
>
> ■ An ein stummes End-*e* wird *-r/-st* hinzugefügt (**5**).

Dann können wir auch gleich weitermachen mit den **zweisil-
bigen** Adjektiven:

6 clever	cleverer	cleverest
7 simple	simpler	simplest
8 narrow	narrower	narrowest
9 funny	funnier	funniest
10 lazy	lazier	laziest

> ■ Zweisilbige Adjektive, die auf *-er, -le, -ow* oder *-y*
> enden, werden auch mit *-er/-est* gesteigert (**6** - **10**).
> Dabei wird ein *-y* am Ende zu *-i-* (**9**,**10**).
>
> ■ Eine Ausnahme bildet *eager:*
> *eager*   *more eager*   *most eager*

Wie verhält es sich nun mit den anderen Adjektiven? Hier
müssen wir, wie gerade schon bei *eager*, die Wörter **more** und
most zu Hilfe ziehen. Das bedeutet aber, daß wir uns über die
Endungen der Adjektive keine Gedanken mehr zu machen
brauchen:

11 helpful	more helpful	most helpful
12 stupid	more stupid	most stupid
13 difficult	more difficult	most difficult
14 incredible	more incredible	most incredible

---

* Die Silben erkennt man an der Aussprache: *nice* (gesprochen »nais«) hat eine Silbe,
happy (gesprochen »ha-pi«) hat zwei.

15 bored	more bored	most bored
16 exhausted	more exhausted	most exhausted

---

more und *most* werden zur Steigerung folgender Gruppen von Adjektiven verwendet:

■ zweisilbige Adjektive, die nicht auf *-er, -le, -ow* oder *-y* enden (11 , 12);

■ drei- und mehrsilbige Adjektive (13 , 14);

■ Adjektive (auch einsilbige), die auf *-ing* oder *-ed* enden (15 , 16); (diese stammen ursprünglich von Verben: vgl. deutsch »erschöpfend« und »erschöpft« von »erschöpfen«).

Dann gibt es einige Adjektive, die sich beider Steigerungsmöglichkeiten bedienen können. Die geläufigsten unter ihnen: *handsome, polite, quiet* und *wicked.* Da kann man wenigstens nichts falsch machen, im Gegensatz zu den unregelmäßigen Adjektiven, die durchaus Spielraum für Fehler bieten.

Hier hilft leider nichts als auswendig lernen:

bad	schlecht	*worse*	*worst*
good	gut	*better*	*best*
much	viel	*more*	*most*
many	viele	*more*	*most*
little	wenig	*less*	*least*
*little**	klein	*smaller*	*smallest*
far	weit	*further*	*furthest*
		(auch *farther*)	(auch *farthest*)

Nun aber zu den typischen Fehlerquellen:

Your mother's much **prettier than** you.

Deine Mutter ist viel hübscher als du.

---

* *little* in der Bedeutung »klein« erscheint nur vor dem Substantiv: *a little* (oder *small*) *dog*, aber: *That dog is very small.*

> »als« beim Komparativ = **than** (nie *as*!)

I'm not **as** stupid **as** I look.	*Ich bin nicht **so** dumm, **wie** ich aussehe.*

> »so ... wie« = **as ... as**

The older she gets, **the younger** her boyfriends are.	*Je älter sie wird, **desto jünger** sind ihre Freunde.*
The more expensive the hairdo, the **more ridiculous** he looks.	*Je teurer die Frisur, **desto unmöglicher** sieht er aus.*

> »je ... desto« = **the** + **Komparativ** ... **the** + **Komparativ**
> *(the bigger ... the more difficult)*

You're getting **fatter** and **fatter**.	*Du wirst **immer dicker**.*
Things were getting **more and more interesting**.	*Es wurde **immer spannender**.*

> »immer -er« = **-er and -er/more and more...**

The cruise was **less tiring** than I had expected.	*Die Kreuzfahrt war **weniger anstrengend**, als ich erwartet hatte.*

> »weniger« + Adjektiv = **less** + Adjektiv

Das Adjektiv als Substantiv

Something has to be done for **the homeless**.	*Es muß etwas für **die Obdachlosen** getan werden.*
I get on very well with **the Irish**.	*Ich versteh' mich mit **den Iren** sehr gut.*

Im Englischen können manche Adjektive (darunter viele der Nationalitätsbezeichnungen*) als Substantive verwendet werden, aber **nur in der Mehrzahl, mit** *the* und **ohne** *-s* am Ende:

the rich	die (= alle) Reichen
the unemployed	die Arbeitslosen
the handicapped	die Behinderten *usw.*
the English	die Engländer
the French	die Franzosen *usw.*

In der Einzahl fügt man *boy, girl, man, woman* usw. hinzu:

I think **that blind man** is a fraud.	*Ich halte **den Blinden da** für einen Schwindler.*

Dann sind einige Adjektive zu »echten« Substantiven geworden (mit *-s* in der Mehrzahl) – so z.B. *the blacks, the whites, the Liberals* usw. Dazu gehören auch manche Völkernamen auf *-an: the Germans, the Austrians* usw. Diese lernt man am besten als Vokabeln.

Es wird ja als schlechter Stil angesehen, wenn man sich ständig wiederholt. Da gibt es aber auch im Englischen einen Ausweg:

If you lose that tie, I'm not going to buy you another **one**.	*Wenn du die Krawatte verlierst, kauf' ich dir keine neue.*
I don't really like these biscuits – haven't you got any better **ones?**	*Diese Kekse schmecken mir nicht – haben Sie keine besseren?*

Wenn ein (zählbares) Substantiv nicht wiederholt werden soll, muß im Englischen das sogenannte Stützwort *one* (Einzahl) bzw. *ones* (Mehrzahl) an seiner Stelle stehen.

---

* Siehe dazu auch Kapitel 2, Seite 19 f.

Diesmal sollen Sie versuchen, folgende Sätze ins Englische zu übersetzen, damit die Adjektive auch wirklich sitzen:

1. Welches Haus sollen wir nehmen – das große oder das kleine?

2. Die Toilette ist weiter weg, als ich dachte.

3. Kennen Sie die Verletzte[1]?

4. Mein Windhund[2] wird immer dünner.

5. Je frecher ich zu ihnen bin, desto netter sind sie zu mir.

[1]*verletzt* = injured   [2]greyhound

Welches Haus sollen wir nehmen?

5 Das Adverb
(*Umstandswort*)

Mit unserer Beschreibung der Welt sind wir noch nicht ganz
fertig. Wie? Genau – es fehlt noch das **Wie**. Und da müssen die
Adverbien antreten, die ja zum Teil auch mit den Adjektiven
eng verzahnt sind. Aber vorerst eine kurze Definition: Ein
Adverb ist ein Wort, das ein Verb (**1**), ein Adjektiv (**2**), ein
anderes Adverb (**3**) oder einen ganzen Satz (**4**) näher
bestimmt:

1 He **speaks** English **badly**.   *Er spricht schlecht*
                                       Englisch.

2 His grammar's **pretty**   *Seine Grammatik ist*
    awful.   *ziemlich miserabel.*

3 But if he pays attention,   *Aber wenn er gut aufpaßt,*
    he'll improve **fairly**   *wird er sich ziemlich*
    quickly.   *schnell bessern.*

4 **Fortunately**, he's got   *Zum Glück hat er genau*
    just the right book.   *das richtige Buch.*

Probleme für Deutsche bereiten hauptsächlich die *-ly*-Adver-
bien, die direkt von Adjektiven abgeleitet sind. Alle anderen
können als Vokabeln gelernt werden (so z.B. *always, of course,
at home, in a minute* usw.).

Zunächst ein paar Regeln zur Bildung der Adverbien auf *-ly:*

	ADJEKTIV		ADVERB	
1	slow		slowly	*langsam*
2	boring		boringly	*langweilig*
3	simple		simply	*einfach*
4	easy		easily	*leicht*
5	automatic		automatically	*automatisch*
6	true	*wahr*	truly	*wirklich, wahrhaftig*
7	whole	*ganz*	wholly	*gänzlich, völlig*

Die meisten abgeleiteten Adverbien werden durch Anhängen von *-ly* gebildet (**1**, **2**).

Besonderheiten:

■ *-le* wird zu *-ly* (**3**)

■ *-y* wird zu *-ily* (**4**)

■ *-ic* wird zu *-ically* (**5**)
(Ausnahme: *public* → *publicly* = öffentlich)

■ das stumme *-e* bei *true, due* und *whole* fällt weg (**6** , **7**)

Problematisch sind die Adverbien auf **-ly** schon deshalb, weil Adjektiv und Adverb im Deutschen oft gleich aussehen:

Das Foto ist ganz **nett.** (*Adjektiv*)
Das hast du aber **nett** ausgedrückt. (*Adverb*)

Woran erkennt man aber, daß es sich im zweiten Beispiel um ein Adverb handelt (*nicely* auf englisch)? Eine kleine Eselsbrücke:

Ein deutsches Adverb hat (außer bei der Steigerung) keine Endung. Man kann zwar sagen »ein nettes Foto«, aber »nett ausgedrückt« bleibt immer gleich.

Auch im Englischen gibt es ein paar Fälle, in denen Adjektiv und Adverb gleich sind:

Zeitadjektive auf *-ly* (*monthly, weekly, daily, hourly* usw.) haben als Adverbien dieselbe Form.

Auch die folgenden Adjektive und Adverbien haben dieselbe Form und meistens auch die gleiche Bedeutung:

Adjektiv		Adverb	
deep		*deep*	tief
high		*high*	hoch
low		*low*	niedrig
fast		*fast*	schnell
straight	gerade	*straight*	gerade, direkt
late		*late*	spät
long	lang	*long*	lange
near		*near*	nah
far		*far*	weit
early		*early*	früh
hard	hart, schwer	*hard*	fest, kräftig, schwer *usw.*

Manchen dieser Adverbien kann man allerdings ein -*ly* anhängen, was aber eine andere Bedeutung ergibt:

Adverb	
deeply	zutiefst
highly	höchst
lately	in letzter Zeit
nearly	fast
hardly	kaum

Auch bei folgenden Adverbien weicht die Bedeutung von der des Adjektivs etwas ab:

Adverb	
scarcely	kaum
barely	kaum
mostly	meistens
shortly	gleich, in Kürze
fairly	1. fair; 2. ziemlich
justly	1. gerecht; 2. zu Recht

Andererseits gibt es einige Adjektive auf -*ly*, die keine eigenen Adverbien bilden können. Da muß das deutsche Adverb durch einen entsprechenden Ausdruck übersetzt werden:

| He gave me a friendly wink. | Er zwinkerte mir freundlich zu. |
| (*friendly* ist nur Adjektiv) | (»freundlich« ist hier Adverb) |

Ganz wichtig ist auch:

Das Adverb von *good* heißt *well*.

Alles gut überwunden bisher? Well done!

Schließlich gibt es noch einige Wörter, die als Adjektiv oder Adverb verwendet werden können, wobei sie jeweils eine andere Bedeutung haben:

Adjektiv		**Adverb**	
well	gesund	*well*	gut
only	einzig	*only*	nur, erst
pretty	hübsch	*pretty*	ziemlich
just	gerecht	*just*	gerade, eben; nur

Jetzt wollen wir uns wieder in den Bereich der Superlative hineinsteigern. Es wird ja heutzutage alles **schneller** und **schneller**, und die Steigerung der Adverbien will auch **schnellstens** gemeistert sein. Das geht **einfacher**, als Sie denken. Sehen Sie sich dazu am besten folgende Beispiele und Regeln **schleunigst** an:

POSITIV	KOMPARATIV	SUPERLATIV
fast	fast**er**	fast**est**
schnell	*schneller*	*am schnellsten*
hard	hard**er**	hard**est**
hart	*härter*	*am härtesten*
early	earl**ier**	earl**iest**
früh	*früher*	*am frühesten*

Alle **einsilbigen** Adverbien sowie *early* werden auf *-er/-est* gesteigert.

Und die anderen?

brutally	more brutally	most brutally
often	more often	most often

> Alle **mehrsilbigen** Adverbien (außer *early*) werden auf *more/most* gesteigert.

Und dann hätten wir noch die unregelmäßig gesteigerten Adverbien:

well	gut	*better*	*best*
badly	schlecht	*worse*	*worst*
little	wenig	*less*	*least*
much	viel	*more*	*most*
far	weit	*further*	*furthest*

Zu guter Letzt noch ein paar Kniffligkeiten, die bestimmte Verben mit sich bringen:

This beer tastes **horrible**.	*Dieses Bier schmeckt ja scheußlich.*
Your new aftershave smells **strange**.	*Dein neues Aftershave riecht aber komisch.*
His accent sounds **funny**.	*Sein Akzent klingt komisch.*
I feel **wonderful**.	*Ich fühle mich wunderbar.*
Eric looks **confused**.	*Eric sieht verwirrt aus.*

> Nach folgenden Verben steht in der Regel die Adjektivform (kein *-ly*):
>
> | | |
> |---|---|
> | *taste* | schmecken |
> | *smell* | riechen |
> | *sound* | klingen |
> | *feel* | sich (an)fühlen |
> | *look* | aussehen |

Anders sieht es jedoch aus bei Sätzen wie den folgenden:

It smells very **strongly of** garlic in here.	*Hier riecht es aber stark nach Knoblauch.*
She looks **suspiciously like** my wife.	*Sie sieht meiner Frau verdächtig ähnlich.*

Und nun müssen Sie Ihre grauen Zellen ein bißchen beanspruchen, denn Sie dürfen wieder Ihre Übersetzungskünste unter Beweis stellen.

ÜBUNG 5 Lösung siehe Seite 140 ff.

Versuchen Sie, folgende Sätze ins Englische zu übertragen. Um zu sehen, ob Sie den Unterschied zwischen Adjektiv und Adverb auch wirklich im Griff haben, haben wir ein paar Adjektive mit hineingeschmuggelt.

Deine Schwester schwimmt sehr gut

1. Deine Schwester schwimmt sehr gut.

2. Das Lamm schmeckt scheußlich, aber die Minzsoße[1] ist gut.

3. Er trat so hart gegen[2] den Stuhl, daß ein Bein kaputtging[3] (sein linkes).

4. Wenn *ein* Hund zu bellen[4] anfängt, machen die anderen automatisch mit[5].

5. Langsam fange ich an[6], die englische Grammatik zu verstehen.

[1] mint sauce [2] *treten gegen* = kick [3] he broke a leg [4] bark
[5] *mitmachen* = join in [6] I'm ... beginning

44

6   Die Wortstellung

Ordnung muß sein, auch im englischen Satz. Es nützt wenig, eine Menge Wörter und Ausdrücke zu kennen, wenn sie an die falsche Stelle geraten – das bringt nämlich nicht nur den Satz durcheinander … Aber zum Glück ist die englische Wortstellung sehr oft die gleiche wie im Deutschen:

The children love ghost stories.
Die Kinder lieben Geistergeschichten.

My wife lives two streets away.
Meine Frau wohnt zwei Straßen weiter.

I gave him two rare butterflies for his collection.
Ich gab ihm zwei seltene Schmetterlinge für seine Sammlung.

Die übliche englische Wortstellung im Satz lautet:

Subjekt	**Verb**	**Objekt**	(S – V – O)
Dad	*is making*	*dinner.*	

(Die Buchstabenfolge **S – V – O** können Sie sich leicht merken, wenn Sie daran denken, daß es so <u>s</u>ehr <u>v</u>iel <u>o</u>rdentlicher ist.)

An dieser Reihenfolge ändert sich im Gegensatz zum Deutschen normalerweise auch nichts, wenn etwas vor dem Subjekt steht:

Then **they took us** to the police station.

*Dann **nahm man uns** mit aufs Polizeirevier.*

Nun kommen wir zum leidigen Thema der Wortstellung bei den Adverbien. Ja, wohin mit den Dingern? Wenn es da eine einfache Antwort gäbe …

Wir könnten jetzt mit einem wahren Wust von Regeln aufwarten, und Sie wären am Ende genauso schlau wie vorher.

Deshalb haben wir diese Regeln ganz bewußt auf ein überschaubares Minimum reduziert. Sie sollten sich diese paar wichtigen Richtlinien gut merken, um nicht in die üblichen Fallen hineinzutappen. Später können Sie sich dann nach und nach die vielen Varianten aneignen – das ist eher eine Sache der Übung und des Sprachgefühls.

1 I **always have** breakfast in bed.
Ich frühstücke immer im Bett.

2 She **suddenly started** sneezing.
Plötzlich fing sie an zu niesen.

3 He **just walked in** and sat down without saying a word.
Er kam einfach rein und setzte sich hin, ohne ein Wort zu sagen.

I always have breakfast in bed

4 You**'re never** on time.
Du kommst nie pünktlich.

5 We **had unfortunately forgotten** to let the cat out.
Leider hatten wir vergessen, die Katze rauszulassen.

6 I **should probably have** stopped at the lights.
Ich hätte wahrscheinlich an der Ampel halten sollen.

Abgeleitete Adverbien (Adjektiv + **-ly**) sowie Adverbien der Häufigkeit (**never, always, usually** usw.) stehen meistens in folgender Position:

■ vor dem Verb (**1** , **2** , **3**), aber

■ nach dem Verb **be** (**4**) bzw.

■ nach dem ersten Hilfsverb (**5** , **6**).

Das ist anders als im Deutschen, deswegen sollten Sie sich vor allem die Beispiele **1** – **3** besonders gut merken.

Das war aber noch nicht alles:

7 Who invited Uncle Cedric **to the wedding**?
Wer hat den Onkel Cedric zur Hochzeit eingeladen?

8 I lost my address book **yesterday.**
Ich habe gestern mein Adreßbuch verloren.

9 **Last Sunday night** we were 1,000 miles away ...
Letzten Sonntagabend waren wir 1000 Meilen von hier entfernt ...

- **Adverbien des Ortes** (wo?, wohin?) und der **bestimmten Zeit** (wann genau?) stehen meistens am Satzende (**7** , **8**).

- **Adverbien der bestimmten Zeit** findet man auch zur Betonung am **Satzanfang** (**9**).

- **Adverbien des Ortes** (Frage: wo?) erscheinen relativ selten am Satzanfang. Wenn sie auf die Frage – wohin? – antworten, ist diese Stellung **nicht** möglich.

Was ist aber, wenn ein Satz mehrere Adverbien enthält?

10 I think I'll stay **at home tonight.**
Ich glaube, ich bleibe heute abend zu Hause.

11 I've been working **hard**
at the office all day, darling.
*Ich habe den ganzen Tag
im Büro schwer geschuftet,
Liebling.*

I've been working hard at the office all day, darling

12 He didn't get in till **3 o'clock this morning.**
Er ist heute nacht erst um 3 heimgekommen.

Wenn sich mehrere Adverbien zum Satzende hin drängeln, gilt allgemein die Reihenfolge:

■ **Ort vor Zeit** (**10**) (O vor Z im Alphabet);

■ **Art und Weise** (wie?) **vor Ort** (**11**) (A vor O);

■ genauere Zeitangaben vor allgemeineren (**12**).

Das wäre sozusagen das A und O der Geschichte. Diese Faustregel wird zwar nicht immer streng eingehalten, aber sie dient trotzdem als unentbehrliche Richtlinie. Die Stellung der Adverbien hätten wir aber damit noch nicht ganz von A bis Z durch, denn da wäre eine letzte allgemeine Bemerkung:

Längere adverbielle Ausdrücke stehen meistens am Satzende:

He sniffed at the lobster **a little sceptically.**
Er roch ein wenig skeptisch am Hummer.

Nachdem wir am Anfang des Kapitels behauptet haben, daß sich an der Reihenfolge S – V – O auch nichts ändert, wenn etwas vor dem Subjekt steht, werden Sie es uns hoffentlich nicht übelnehmen, wenn wir jetzt auf ein paar wichtige Ausnahmen aufmerksam machen:

13 I love English grammar.
– **So do I.**

Ich liebe die englische Grammatik. – Ich auch.

14 **Not only did he** smash his nose, he lost two teeth as well.

Er hat sich nicht nur die Nase kaputtgeschlagen, sondern auch zwei Zähne verloren.

In folgenden Fällen werden Verb und Subjekt umgestellt (Wortstellung wie im Fragesatz):

■ nach *so* und *neither/nor* am Satzanfang im Sinne von »auch« bzw. »auch nicht« (**13**);

■ nach einigen Adverbien am Satzanfang – z.B. *not only* (nicht nur), *only then* (erst dann), *rarely* (selten), *never* (nie) (**14**).

ÜBUNG 6   Lösung siehe Seite 140 ff.

Hier muß jetzt Ordnung geschaffen werden. Versuchen Sie, aus dem folgenden Wirrwarr zehn sinnvolle englische Sätze zu bilden:

1. their hi-fi, play, far too loudly, our neighbours

2. was, really crowded, yesterday afternoon, the pub

3. realize, did we, only then, we were, eating, what

4. early, goes, to bed, he, sometimes

5. imagined, I, never, would, have, that he could, rude, be, so

6. "stay out, usually, I, so late, don't" – "do, I, neither"

7. from Sydney, got, late last night, I, a phone call

8. probably, decided, he's, for a change, to work, today, to go

9. into a new caravan, we'll be, at the end of the month, moving

10."a good golfer, is, my wife" – "mine, is, so"

7 Frageform und Verneinung

Wenn man auf englisch keine Fragen stellen und nichts verneinen kann, kommt man erfahrungsgemäß nicht sehr weit – bzw. läuft man Gefahr, zu weit zu gehen ... Deshalb knöpfen wir uns nun diese zwei wichtigen Bereiche der alltäglichen Kommunikation vor, ohne Sie auch vorher zu fragen (damit Sie ja nicht nein sagen können).

Wie üblich, stürzen wir uns gleich in die Beispiele hinein, und zwar mit den Fragesätzen:

Are you crazy?	*Bist du verrückt?*
Can they understand us?	*Können sie uns verstehen?*
Has he made his bed?	*Hat er sein Bett gemacht?*

> **Fragesätze** mit *be, have* als Hilfsverb (*has seen, had gone* usw.) sowie den Hilfsverben* *can, could, should, may, must, need* und *will* werden wie im Deutschen durch **Umstellung von Subjekt und Verb** gebildet.

Ansonsten werden Fragen folgendermaßen gebildet:

Do I know you?
Kenne ich Sie?

Did you get my message?
Hast du meine Nachricht bekommen?

Do I know you?

---

* Siehe auch Kapitel 16 und 17, Seite 100 ff. und 108 ff.

Bei allen anderen Verben wird die Frageform mit *do* gebildet. Dabei bleibt die übrige Wortstellung wie im Aussagesatz:

	Subjekt	+	Verb	+	Objekt
	He		*likes*		*me.*
do/does/did +	Subjekt	+	Verb*	+	Objekt
Does	*he*		*like*		*me?*

Das gilt auch für *have*, wenn es als vollständiges Verb gebraucht wird:

Did you honestly **have** hundreds of girlfriends, Dad?
Hast du ganz ehrlich Hunderte von Freundinnen gehabt, Papi?

Does she really **have** a bath every birthday?
Nimmt sie wirklich an jedem Geburtstag ein Bad?

Wenn *have* in der **Gegenwart** im Sinne von »haben« oder »besitzen« verwendet wird, gibt es sogar zwei Möglichkeiten, von denen die zweite im gesprochenen Englisch besonders beliebt ist:

Does he have a job?
Has he got a job?
Hat er eine Stelle?

Dann hätten wir noch die Fragen mit den Fragewörtern, von denen wir ja schon einige kennen:

1 Where do you come from? *Woher kommen Sie?*

2 Why doesn't he like me? *Warum mag er mich nicht?*

3 Who wrote this rubbish? *Wer hat denn diesen Mist geschrieben?*

4 Which end is yours? *Welches Ende ist deins?*

Auch in Fragen mit einem **Fragewort** verwendet man *do* (**1**, **2**), es sei denn, das Fragewort ist Subjekt oder Teil des Subjekts im Satz – in diesem Fall antwortet es auf die Frage »wer?« oder »was?« (**3**, **4**).

---

* Immer in der Infinitivform (hier *like*).

Wir wollen ja nicht ausgesprochen negativ sein, aber man kommt manchmal nicht umhin, bestimmte Dinge zu verneinen. Im Englischen geht das folgendermaßen:

She **wasn't joking.**	*Sie machte keinen Spaß.*
I **haven't done** my tax return yet.	*Ich habe meine Steuererklärung noch nicht gemacht.*
We **can't go on** meeting like this.	*So können wir uns nicht mehr lange treffen.*
He **won't tell** me where my present is.	*Er sagt mir nicht, wo mein Geschenk ist.*

■ Sätze mit *be, have* als Hilfsverb sowie den Hilfsverben *could, should, must, need* und *dare* bilden die Verneinung durch Anhängen von *-n't* an diese Verben.

■ Bei *may, might* und *ought (to)* sowie zur Betonung setzt man *not* hinter das Verb.

■ *I am* wird zu *I'm not.*

■ *can* wird zu *can't* (betont auch *cannot*).

■ *will* wird zu *won't.*

Bei den anderen Verben wird die Verneinung, wie die Frageform, mit *do* gebildet:

I **don't like** Mondays.	*Ich mag den Montag nicht.*
You **didn't set** the alarm again.	*Du hast den Wecker wieder nicht gestellt.*

Bei allen anderen Verben wird die Verneinung durch *don't/doesn't/didn't* + **Infinitiv** gebildet.
Nur im formalen Stil und zur Betonung wird die vollständige Form (*do not* usw.) benutzt.

Das Vollverb *have* wird ebenfalls mit *do* verneint:

I **didn't have** a minute to spare.	*Ich hatte keine freie Minute.*

In der Gegenwart bietet *have* im Sinne von »besitzen« oder »haben« auch hier zwei Möglichkeiten:

But I **don't have** a twin brother.	
But I **haven't got** a twin brother.	*Ich habe doch keinen Zwillingsbruder.*

Jetzt wollen wir Frageform und Verneinung kombinieren, um unsere Ausdrucksmöglichkeiten noch zu erweitern:

Isn't he cute?   *Ist er nicht süß?*

Shouldn't we say something?   *Sollten wir nicht etwas sagen?*

Shouldn't we say something?

Zur Bildung der **verneinten Frage** nimmt man die Frageform und hängt ein **-n't** an das erste Verb (*Don't you ...?*).

■ *am I* wird zu *aren't I.*

Dann gibt es Leute, die sich nie entscheiden können:

Can you remember the rule?   *Weißt du noch die Regel?*
– Yes, **I can.** Er, no **I can't.**   – *Ja. Uh, nein.*

Are you ready?	*Bist du fertig?*
– No, **I'm not** ... Yes, **I am.**	*– Nein ... Ja, doch!*
Do you like it?	*Gefällt es dir?*
– Yes, **I do.** Mm, no **I don't.**	*– Ja! Mm, nein, doch nicht.*

Bei **Kurzantworten** wird das erste Verb des Fragesatzes wiederholt.

War doch nicht so schwer, **oder**? Apropos, wie hätten Sie das auf englisch gesagt? Hoffentlich **nicht** mit *or* am Ende des Satzes! Richtig heißt es: *That wasn't so difficult, **was it**?* Noch ein paar Beispiele:

You **haven't** told him, **have** you?	*Du hast es ihm doch nicht gesagt, oder?*
He **can't** knit very well, **can** he?	*Er strickt nicht besonders gut, oder?*
This **is** the plane to Rome, **isn't** it?	*Das ist doch der Flug nach Rom, oder?*

■ In Fragen, die Bestätigung erwarten oder erhoffen (»oder?«, »ne?«, »gell?«), werden *be, **have*** und die Hilfsverben (*can, **will*** usw.) in den sogenannten »**Frageanhängseln**« wiederholt.

■ Ein bejahter Satz wird im Frageanhängsel verneint, ein verneinter Satz bejaht.

Bei den anderen Verben wird ja die Frageform mit *do* gebildet (*Do you remember?*). Deswegen sollte man zur Einübung die »normale Frage« als Zwischenschritt bilden, und zwar wie folgt:

You hit him.	*Du hast ihn geschlagen.*
Did you hit him?	*Hast du ihn geschlagen?*
You **hit** him, **didn't you**?	*Du hast ihn doch geschlagen, oder?*

- Vollständige Verben außer *be* und *have* werden im Frageanhängsel durch die entsprechende Form von *do* ersetzt.

- Auch hier gilt: Ein bejahter Satz wird im Anhängsel verneint und umgekehrt.

ÜBUNG 7 Lösung siehe Seite 140 ff.

Stellen Sie sich jetzt vor, Ihre Tante Sophie will ihr Englisch auffrischen und hat sich zu einem Urlaub in England entschlossen. Der Ärmelkanal ist überquert, und nun ist sie mit ihrem Wagen unterwegs in der Grafschaft Kent. Nach der ersten Rastpause passiert dann das Unvorstellbare: Die Tante sieht plötzlich tief in die Augen eines Jaguarfahrers, dessen Nase fest an seine Windschutzscheibe gepreßt ist. Geisterfahrer in Großbritannien?

Am nächsten Tag steht die arme Tante Sophie vor dem Richter. Hier ein Protokoll des Gesprächs – aber, gemein wie wir sind, haben wir alle Frage- und Verneinungsformen ausgelassen. Setzen Sie also wo nötig eine dieser Formen ein. Eine kleine Hilfe – die Fragesätze sind mit (?) gekennzeichnet.

Judge Royce:	You knew you were driving on the wrong side of the road. (?)
Defendant[1]:	No, I did.
Judge Royce:	That kind of thing often happens in our country. The man in the Jaguar thought it was very funny.
Defendant:	But I did it on purpose[2].
Judge Royce:	That's the point. British drivers can handle maniacs[3] from the Continent. They want the roads over here to be turned into proper race tracks[4]. If the other driver had reacted quickly enough, you might be alive today. And Jaguars come very cheap these days. You had thought of that. (?)
Defendant:	No, I had.
Judge Royce:	You have something[5] else to say. (?)

Defendant:	I know exactly what to say. I'll do it again and I'll forget what you said.
Judge Royce:	Good. Well, we're going to lock you up and I intend to inform my friend Siegfried in Flensburg – I want to spoil[6] your trip even more. Of course you can object to paying a fine[7].
Defendant:	I certainly can, your honour.
Judge Royce:	And forget this – in Great Britain we drive on the right-hand side of the road.
Defendant:	I'll forget that for a long time to come[8].
Judge Royce:	Now make sure you get into trouble again – I'd like to see you back here this summer.

[1] Angeklagte [2] absichtlich [3] Verrückte [4] regelrechte Rennstrecken
[5] *in der Frage:* anything [6] verderben [7] Geldstrafe [8] noch lange

8 Die Gegenwart – einfache und Verlaufsform

In diesem Kapitel begegnet Ihnen erstmals eine Verbform, die gewissermaßen durch die gesamte englische Grammatik spukt: die sogenannte *-ing*-Form. Da diese drei verschiedene Funktionen im Englischen ausübt (mehr darüber in Kapitel 13 und 18), lohnt es sich, die Bildung der *-ing*-Form zu lernen, denn so kann man gleich drei Fliegen mit einer Klappe schlagen!

Die *-ing*-Form besteht aus **Infinitiv + *-ing*:**

walk + -ing = walking

aber:

■ ein nichtausgesprochenes *-e* fällt weg (*take – taking*);

■ ein einfacher Konsonant (*b,d,g* usw.) nach kurzem Vokal (*a,e,i,o,u*) wird verdoppelt (*run – running*);

■ *-ie* wird zu *-ying* (*lie – lying*);

■ ein *-r* am Ende nach betontem, einfachem Vokal wird verdoppelt (*prefer – preferring*);

■ ein *-l* am Ende nach einem einfachen Vokal wird verdoppelt (*travel – travelling**).

Nun aber zur eigentlichen Sache. Sehen Sie sich zunächst einmal folgende Beispielsätze an:

Bob's **running** for the train.   *Bob läuft zum Zug.*

Bob **runs** for the train   *Bob läuft jeden Morgen*
every morning.   *zum Zug.*

Im ersten Satz sehen wir ein Beispiel der sogenannten **Verlaufsform der Gegenwart** (*am/are/is* + *-ing*-Form, hier:

---

* Im Amerikanischen wird das *-l* nicht verdoppelt.

is running), im zweiten Satz die **einfache Form der Gegenwart** (Infinitiv bzw. bei *he, she, it* und Substantiven: Infinitiv + *-[e]s*, hier: *runs*). Warum nun dieser Unterschied, wenn doch beide Sätze scheinbar die gleiche Handlung (das Laufen) in der gleichen Zeit (der Gegenwart) beschreiben?

Im **ersten** Beispiel ist die Handlung zum Zeitpunkt des Sprechens gerade im Gange. In solchen Fällen ist im Englischen die **Verlaufsform** notwendig. Wie die Bezeichnung schon sagt, »verläuft« gerade etwas, oder es läuft etwas ab, wie im Film.

Die **Verlaufsform der Gegenwart** wird für Handlungen verwendet, die zu einem bestimmten Zeitpunkt **gerade ablaufen.**

Im **zweiten** Beispiel ist die einfache Gegenwart notwendig, weil Bob **jeden Morgen** hinter dem Zug herläuft, denn:

Die **einfache Form der Gegenwart** bezeichnet Handlungen, die **öfter, regelmäßig** oder **gewohnheitsmäßig** wiederkehren.

Noch ein Beispiel:

Father O'Sullivan **goes** to the disco **every week**.	*Pfarrer O'Sullivan geht jede Woche in die Disco.*

Aber auch Sätze wie die folgenden verlangen diese Form:

My sister **plays** football for a living.	*Meine Schwester ist Profifußballspielerin.*
My mum says boys **don't cry**.	*Meine Mutter sagt, Jungen weinen nicht.*
Money **makes** the world go round.	*Geld regiert die Welt.*
Hot air **rises**.	*Wärme steigt nach oben.*

Die **einfache Gegenwart** wird auch verwendet, um **Berufe, Beschäftigungen, allgemeine Wahrheiten** und natürliche **Gesetzmäßigkeiten** zu beschreiben.

Auch für die **Verlaufsform** gibt es weitere Anwendungsmöglichkeiten. Sie wird nicht nur für Handlungen verwendet, die **gerade im Moment** ablaufen, sondern auch für solche, die sich über einen längeren Zeitraum erstrecken, sei es über Wochen oder Jahre:

Aunt Agatha **is skiing** in Colorado.

Tante Agatha fährt in Colorado Ski.

Das heißt, die gute Tante ist **zur Zeit** im Skiurlaub in Colorado, muß aber nicht unbedingt in diesem Moment die Piste hinunterwedeln.

Aunt Agatha is skiing in Colorado

Ähnlich verhält es sich auch im folgenden Beispiel:

I'm teaching my husband how to run a household.

Ich bringe meinem Mann bei, wie man einen Haushalt führt.

I'm teaching my husband how to run a household

59

So ein Unternehmen kann natürlich etwas länger dauern, und der Satz besagt nicht, daß der angehende Hausmann mitten in der Staubsaugprüfung oder ähnlichem steht, sondern daß die Einweisung irgendwann in letzter Zeit begonnen hat und durchaus noch einige Zeit in Anspruch nehmen kann ...

Jetzt heißt es aber aufgepaßt, denn im folgenden Beispiel erscheinen **beide** Gegenwartsformen:

He's usually **playing** poker with the babysitter when we **get** home from the opera.	*Meistens ist er mit dem Babysitter am Pokern, wenn wir von der Oper zurückkommen.*

Zu dem Zeitpunkt, als die Eltern von ihren regelmäßigen Opernbesuchen nach Hause kommen (wiederholte Handlung = einfache Gegenwart = *get*), ist ihr Söhnchen meistens mit dem Babysitter mitten im Pokerspiel (hier ist ausschlaggebend: das Pokerspiel ist bereits im Gange = Verlaufsform der Gegenwart = *is playing*).

Schließlich gibt es eine Reihe von Verben, die man relativ selten in der Verlaufsform der Gegenwart findet, weil sie keine **Aktivitäten** als solche beschreiben. Hier eine Auswahl der geläufigeren:

be	sein	*seem*	scheinen
know	wissen	*cost*	kosten
hope	hoffen	*own*	besitzen
understand	verstehen	*want*	wollen
believe	glauben	*sound*	klingen

it depends	es kommt darauf an
you smell nice usw.	du riechst gut *usw.*
this tastes funny usw.	das schmeckt komisch *usw.*
it sounds awful usw.	es klingt furchtbar *usw.*

Wundern Sie sich aber nicht, wenn Sie einigen dieser Verben doch in der Verlaufsform begegnen – die Sprache läßt sich eben nicht so ohne weiteres in starre Regeln hineinzwängen!

Folgender Test wird Ihnen helfen, diese ganz wichtigen Informationen zu festigen.

Versuchen Sie, in die Lücken jeweils die richtige Verbform (einfache oder Verlaufsform der Gegenwart) zu setzen. Da es ein Gespräch ist, sollten Sie wo möglich die gekürzten Formen nehmen (*she is* → *she's* usw.).
Wenn Sie diesen Test erfolgreich abschließen, haben Sie eine gewisse Schallgrenze in der englischen Grammatik durchbrochen. Hoffentlich knallt's auch anständig!

Julie: Look, Sally _____ (argue[1]) with the customs officer[2].

Andrew: Sally _____ (always, argue) with the customs officer when she _____ (get caught[3]) with too much alcohol in her suitcase.

Julie: I'd love to know what she _____ (do) with all those bottles. Surely she _____ _____ (not, drink) them all herself?

Andrew: No, she _____ (sell) them to her dad at a profit[4] and _____ (use) the money to save up for her next holiday.

Julie: Now she _____ (try) to give the customs officer a bottle of vodka, but he _____ (shake) his head. Wait a minute – they _____ (open) some whisky and _____ (pour) it into two paper cups[5]!

Andrew: Yes, isn't it funny how customs officers all over the world _____ (seem) to prefer Sally's whisky to her vodka ...

[1](sich) streiten   [2]Zollbeamter   [3]erwischt werden   [4]mit Gewinn   [5]Pappbecher

9 Die Vergangenheit – einfache und Verlaufsform

Wenn Ihnen die Regeln aus dem vorigen Kapitel noch gegenwärtig sein sollten, sind Sie für den Sprung in die Vergangenheit bestens gerüstet.

Die einfache Vergangenheitsform

Packen wir gleich ein paar Beispiele an, die den Gebrauch dieser Form verdeutlichen sollen:

We **sometimes flew** to Honolulu for the weekend.	*Wir flogen manchmal übers Wochenende nach Honolulu.*
Jeff **always skipped** work on Fridays.	*Jeff machte freitags immer blau.*

Die **einfache Vergangenheit** bezeichnet Handlungen, die in der Vergangenheit mehrmals bzw. regelmäßig wiederkehrten.

Wenn man in solchen Sätzen den Gegensatz zwischen »früher« und »jetzt« betonen möchte, nimmt man *used to* + Infinitiv:

She **used to play** with computers as a child.	*(Früher) Als Kind spielte sie mit Computern.*
He never **used to get up** before ten.	*Früher stand er nie vor zehn Uhr auf.*

In Sätzen wie den folgenden erscheint ebenfalls die einfache Vergangenheit:

I **lost** all my savings in the casino **last Sunday**.	*Letzten Sonntag habe ich meine ganzen Ersparnisse im Casino verspielt.*

Peter **broke** two fingers **during the concert.**	*Peter hat sich während des Konzerts zwei Finger gebrochen.*

> Die **einfache Vergangenheit** wird auch für vereinzelte Handlungen gebraucht, die in der Vergangenheit abgeschlossen bzw. vollbracht wurden. Oft erscheint im Satz eine genaue Zeitangabe (wie *last Sunday*) oder ein Hinweis auf eine bestimmte Zeit (wie *during the concert*).*

Folgendes Beispiel soll nun die dritte Anwendungsmöglichkeit der einfachen Vergangenheit verdeutlichen:

He **showered, washed** his hair and **put on** his best earring. Then his girlfriend **rang up** and **said** she couldn't take him out that night.	*Er duschte, wusch sich die Haare und steckte sich seinen besten Ohrring an. Dann rief seine Freundin an und sagte, sie könne an dem Abend nicht mit ihm ausgehen.*

> Die **einfache Vergangenheit** wird ebenfalls verwendet, um eine Reihenfolge von Ereignissen oder Handlungen in der Vergangenheit wiederzugeben.

Im vorigen Kapitel über die Gegenwart haben wir auf Seite 60 auf einige Verben hingewiesen, die hauptsächlich in der einfachen Form erscheinen. Da dies ebenso für die Vergangenheit gilt, sollten Sie ruhig noch einen Blick auf sie werfen, bevor wir weiterschreiten mit der:

Verlaufsform der Vergangenheit

(Diese Form wird gebildet aus *was/were* + *-ing*-Form des Verbs.)

Two years ago we **were sitting** behind bars.	*Vor zwei Jahren saßen wir (gerade) hinter Gittern.*

---

* Siehe auch Kapitel 10, Seite 68.

What **were** you **doing** at 2 p.m. last Sunday? – I **was swimming** the English Channel.

Was machten Sie (gerade) letzten Sonntag um 2 Uhr nachmittags? – Ich durchschwamm (gerade) den Ärmelkanal.

Die **Verlaufsform der Vergangenheit** beschreibt, was zu einem bestimmten Zeitpunkt in der Vergangenheit vor sich ging, »im Gange« war.
(Im Deutschen kann man meistens das Wort »gerade« hinzufügen.)

Das war aber noch nicht alles:

Her hair **was getting** greyer and greyer.

Ihre Haare wurden immer grauer.

At that time my uncle in Australia **was making** a lot of money.

Damals machte mein Onkel in Australien eine Menge Geld.

My uncle in Australia was making a lot of money

> Die **Verlaufsform der Vergangenheit** beschreibt auch eine **allmähliche Entwicklung** oder eine über kürzere oder längere Zeit **andauernde Handlung** bzw. **Begebenheit.**

Im folgenden Satz sehen Sie nun eine Reihe von Verben in der Verlaufsform:

I **was cleaning up** in the kitchen, my husband **was watching** TV, and the twins **were screaming** their heads off.	*Ich räumte in der Küche auf, mein Mann sah fern, und die Zwillinge schrien sich die Seele aus dem Leib.*

> Die **Verlaufsform der Vergangenheit** wird ebenfalls verwendet, um verschiedene Handlungen zu beschreiben, die zu einem Zeitpunkt in der Vergangenheit gerade **gleichzeitig abliefen.**

Besonders gern erscheinen die einfache und die Verlaufsform der Vergangenheit auch im gleichen Satz:

I **was watering** the plants when the police **came** and **arrested** me.	*Ich goß gerade meine Pflanzen, als die Polizei kam und mich verhaftete.*
When I **arrived,** everyone **was laughing.**	*Als ich ankam, lachten alle (= waren alle am Lachen).*

> Die **Verlaufsform der Vergangenheit** drückt auch eine Handlung aus, die **bereits ablief,** während eine neue (in der einfachen Vergangenheit) eintrat.

Diese Regel ist sehr wichtig. Deshalb sehen wir einmal, was passiert, wenn wir im letzten Beispiel die Verlaufsform durch die einfache Vergangenheitsform ersetzen:

When I arrived, everyone **laughed.**	*Als ich ankam, lachten (plötzlich) alle.*

Im ursprünglichen Beispiel waren alle **bereits am Lachen** (**Verlaufsform**), als der Sprecher **ankam** (**einfache Vergangenheit**). Im abgewandelten Beispiel mit den zwei einfachen Vergangenheitsformen geht es um **aufeinanderfolgende** Ereignisse: Erst tritt der Sprecher ein, und **dann** lachen alle – er ist also der Auslöser der allgemeinen Heiterkeit.

ÜBUNG 9   Lösung siehe Seite 140 ff.

Hier gilt es, im folgenden Postkartentext die Lücken richtig zu füllen: einfache Vergangenheit oder Verlaufsform?

Hi folks!

Last night we_____ (go) to the Hofbräuhaus. When we _____ (get) there, a brass band[1] _____ (play) and people _____ (sing) along to the music. The place _____ (be) full of Bavarians and American tourists. They _____ (not, seem) to have any problems at all communicating[2]. You _____ (can) tell the Bavarians by the leather trousers and funny hats they _____ (wear). Quite a few people _____ (lie) under the tables, but everyone _____ (have) a good time. We _____ (only, have) three beers each, but it _____ (be) two in the morning before we _____ (find) our way back to the hotel again. We _____ (not, feel) too fresh when we _____ (have) to get up again at seven for a trip to Mad Ludwig's castles. More next time!

Love,

Sheila and Bruce

[1]Blaskapelle   [2]sich zu verständigen

10 Einfache Vergangenheit und *Present Perfect*

So einfach ist das leider nicht mit der einfachen Vergangenheit und dem *present perfect**, den beiden Zeiten, die den Deutschen beim Englischlernen die meisten Schwierigkeiten bereiten. Das kommt daher, daß man als Deutschsprechender dazu neigt, einen Satz wie »ich habe ihn nicht gesehen« mit *I haven't seen him* zu übersetzen. Hier kann man aber nur selten die deutsche Zeitform wortwörtlich ins Englische übertragen, sondern man muß versuchen, gewissermaßen »englisch« zu denken. Den Gebrauch dieser beiden englischen Zeiten versteht man aber am ehesten im Vergleich:

einfache Vergangenheit

My dad **won** several prizes as a boxer.

Mein Vater hat als Boxer (früher) mehrere Preise gewonnen.

present perfect

My dad **has won** several prizes as a boxer.

Mein Vater hat als Boxer (schon) mehrere Preise gewonnen.

Im ersten Beispiel hat der Vater die Boxhandschuhe längst an den Nagel gehängt und wird sicher keine Trophäen mehr gewinnen. Der Vorgang (das Gewinnen der Preise) gehört der entfernten Vergangenheit an.

> Die **einfache Vergangenheit** bezeichnet Vorgänge und Handlungen, die in der Vergangenheit zurückliegen und keinen direkten Bezug zur Gegenwart haben.

---

* Bildung des *present perfect: has/have + past participle (I have seen, he has touched* usw.). Bildung des *past participle* von regelmäßigen Verben: **Infinitiv + -ed** *(touch + -ed = touched)*, von unregelmäßigen Verben: siehe Verbliste auf Seite 137 f.

Im zweiten Beispiel hat der Vater *bisher* mehrere Preise gewonnen – es können durchaus mehr werden, denn er ist als Boxer noch aktiv.

> Das *present perfect* bildet eine Brücke zwischen Vergangenheit und Gegenwart. Im Deutschen kann man oft »bisher«, »bis jetzt« oder »bis zu diesem Augenblick« hinzufügen.

Bei der Wahl der englischen Zeit darf man also nicht vom Deutschen ausgehen: Es spielt keine Rolle, ob der deutsche Satz im Perfekt (»hat gewonnen«) oder im Imperfekt (»gewann«) steht.

Zum Glück gibt es hier eine Reihe von »Signalwörtern«, die jeweils auf die eine oder andere Zeit deuten:

Signalwörter für die **(einfache) Vergangenheit** (bestimmte Zeit in der Vergangenheit)		Signalwörter für das *present perfect* (Bezug zur Gegenwart)	
yesterday	gestern	*up to now*	bisher, bis jetzt
last night/	gestern abend/	*until now*	
last week	letzte Woche	*so far*	
usw.	usw.		
in 1992	1992	*yet* (verneint) noch nicht	
on Sunday	am Sonntag	(He hasn't seen it yet.)	
at 2 o'clock	um 2 Uhr	*yet* (Frageform) schon	
a week ago	vor einer Woche	(Has he seen it yet?)	
when	als, (in Fragen) wann		

Leider ist aber nicht jeder Satz so benutzerfreundlich. Was macht man, wenn kein hilfreiches Signalwort mitgeliefert wird? Mit einer Reihe von typischen Fällen wollen wir Ihnen über den Berg helfen:

Alexander Graham Bell **invented** the telephone.	*Alexander Graham Bell hat das Telefon erfunden.*

Hier haben wir es mit einem lange zurückliegenden Ereignis zu tun – das Telefon ist ja (zum Glück) nicht gerade erst vor wenigen Minuten erfunden worden.

Bei **Ereignissen**, die in der **Geschichte** zurückliegen, nimmt man im Englischen die **einfache Vergangenheit.**

Und:

What **happened** to you? – I **sprained** my ankle.	*Was ist denn mit dir passiert? – Ich hab' mir den Fuß verstaucht.*

What happened to you? – I sprained my ankle

Ganz so weltbewegend wie die Erfindung des Telefons war dieses kleine Malheur zwar nicht, aber: Der Vorgang gehört genauso der »Geschichte« an, denn er ist vorüber und vorbei, wenn auch noch nicht vergessen.

Auch bei Vorgängen, Handlungen und Ereignissen, die erst **kürzlich** stattgefunden haben, nimmt man die **einfache Vergangenheit,** vorausgesetzt der Sprecher denkt in erster Linie an die **Zeit** oder die **Situation** in der Vergangenheit.

Man stelle sich das so vor: Das Ereignis ist passiert und wie mit der Kamera festgehalten. Man blickt darauf zurück, so wie man sich ein Foto ansehen würde. Daß in unserem Beispiel der Fuß noch weh tut, spielt keine Rolle, denn beide Sprecher denken **nicht** so sehr an die **Auswirkungen** des Unfalls, sondern konzentrieren sich auf **den Unfall selbst.**

Anders sieht es in folgendem Fall aus:

I can't come to work today – I've **cut** my finger.	*Ich kann heute nicht zur Arbeit kommen – ich hab' mir nämlich in den Finger geschnitten.*

Moment mal, sagen Sie vielleicht. Wo liegt da der Unterschied zum vorigen Beispiel? Beide Mißgeschicke sind eindeutig in der Vergangenheit passiert, in beiden Fällen tut's noch weh. Aber: Nur im letzten Beispiel ist der Unfall mit seinen **Auswirkungen** gegenwärtig noch **hochgradig aktuell**. Er beschäftigt den Sprecher, ist **jetzt** noch Thema Nr. 1 und beeinflußt sein Handeln und Denken – der verletzte Finger ist der Grund, warum das »Unfallopfer« heute nicht in die Arbeit kommen kann (oder will!).

Wenn bei einem Vorgang aus der Vergangenheit das **Ergebnis** und sein **Einfluß auf die Gegenwart** ausschlaggebend sind, verwendet man im Englischen das *present perfect.*

Aber:

I **cut** my finger ten minutes **ago** and it's still bleeding.	*Ich hab' mir vor zehn Minuten in den Finger geschnitten, und er blutet immer noch.*

Sobald ein Signalwort für die **einfache Vergangenheit** in einem solchen Satz erscheint (hier *ago*), **muß** man diese Zeit nehmen.

Eine kleine Hilfe noch, um Ihnen bei dieser Unterscheidung zu helfen, wenn kein Signalwort dabei sein sollte:

Wenn man im Deutschen »**damals**«, »**vorhin**« oder »**da** gerade« hinzufügen kann, fällt die Entscheidung zwischen *present perfect* und einfacher Vergangenheit **immer** zugunsten der **einfachen Vergangenheit** aus.

Also auch:

What **did you say**? *Was hast du (da gerade) gesagt?*

Das ist zwar unmittelbare Vergangenheit, aber für den Sprecher ist der Zeitpunkt der Aussage des anderen in der Vergangenheit fixiert (so wie mit der Kamera festgehalten).

Nun zu einer weiteren Verwendung des *present perfect*:

I**'ve heard** that joke before. *Den Witz hab' ich schon mal gehört.*

Hier wird nicht gesagt, **wann** der Sprecher den Witz hörte, sondern nur, **daß** er ihn schon gehört hat.

Wenn es **unwichtig** ist, **wann** etwas in der Vergangenheit stattfand oder geschah, nimmt man das *present perfect.* Im Deutschen kann man oft »schon (ein)mal« hinzufügen.

Und eine letzte Anwendungsmöglichkeit:

We**'ve known** each other since playschool. *Wir kennen uns schon seit dem Kindergarten.*

I**'ve been standing** here for three hours and not a single bus has stopped. *Ich stehe seit drei Stunden hier, und kein einziger Bus hat angehalten.*

I've been standing here for 3 hours and not a single bus has stopped

(Die Ärmste weiß nicht, daß man beim *Request Stop* in England dem Busfahrer durch ausgestreckten Arm extra andeuten muß, daß er anhalten soll. Tut man dies nicht, kann man an der Bushaltestelle gleich übernachten!)

Das ***present perfect*** bezeichnet auch Vorgänge oder Zustände, die in der Vergangenheit angefangen haben und bis in die Gegenwart hineinreichen.

Oft dauert der Vorgang noch an, und in solchen Fällen nimmt man häufig die **Verlaufsform** des *present perfect* (besonders wenn die Aussage emotional gefärbt ist – wie im letzten Beispiel).

Für das Wörtchen »seit« hat man im Englischen zwei mögliche Übersetzungen:

1 I've had this cold
for two weeks now.

Diese Erkältung hab' ich schon seit zwei Wochen.

2 He hasn't rung up
since last August.

Er hat seit letztem August nicht angerufen.

■ *for* wird bei einem Zeit**raum** verwendet (**1**);

■ *since* wird bei einem Zeit**punkt** verwendet (**2**) – denken Sie an den *i*-**Punkt** in *since* (Zeitpunkt).

Jetzt wird es Zeit, daß Sie diese sehr wichtigen Erkenntnisse mit Hilfe eines Tests festigen.

ÜBUNG 10　　　　　　　　　　Lösung siehe Seite 140 ff.

Setzten Sie die richtige Zeit ein – einfache Vergangenheit oder *present perfect* (gelegentlich sind beide möglich). Bei *perfektem* Ergebnis gibt es leider kein *Präsent*, aber Sie können auf jeden Fall sagen, dieses Kapitel gehört jetzt ganz *einfach* der *Vergangenheit* an!

"I_____(finish) my packing. We can go now," _____(say) my wife. "_____ (you, phone) the airport yesterday to confirm[1] the flight?" "Of course not," I _____ (reply). "That's just a waste of time[2]."

So we _____ (take) our heavy suitcases downstairs and _____ (wait) for the cab[3].

"I hope we_____(not, forget) anything," my wife said as we were sitting in a traffic jam[4] on the motorway[5]. "Don't be silly," I _____ (snap). "I _____ (think) of everything."

"_____ (you, turn) the coffee-maker off before we_____ (leave)?" she asked when we finally _____(arrive) at the airport half an hour before take-off. "Yes, dear, I_____ (do). Now stop worrying." As we were rushing through the terminal, I _____ (suddenly, hear) my wife scream behind me. "What _____(happen)?" I asked. "The handle _____ (come off) my case!" she cried. So we _____(push) it along to the queue at the check-in desk. Fifteen minutes later it _____ (be) our turn at last. I _____ (heave[6]) all our luggage onto the conveyor belt[7] and _____ (watch) it slowly disappear as the steward _____ (check) our tickets.

"Just a minute," he said. "These tickets are for the 21st, and today's the 20th. There _____ (not, be) any cancellations[8] for today's flight either. You'll have to come back tomorrow, I'm afraid."

"You _____ (do) it again!" my wife screamed and _____ (hit) me over the head with her vanity case[9]. I _____(spend) the next two weeks in hospital while she _____ (enjoy) the sun in Cyprus.

---

[1]bestätigen (lassen) [2]Zeitverschwendung [3]Taxi [4]Stau [5]Autobahn [6]hieven
[7]Gepäckförderband [8]Stornierungen [9]Kosmetikkoffer

11   Die Zukunftsformen

Wenn Sie auch in Zukunft mit Ihrem Englisch gut in Form bleiben wollen, müssen Sie jetzt tief Luft holen, denn es gibt im Englischen nicht nur eine, sondern gleich fünf verschiedene Möglichkeiten, die einfache Zukunft auszudrücken. Was soll dann daran so einfach sein, werden Sie sich vielleicht fragen. Nun, ganz so schlimm, wie es klingen mag, ist es nicht. Zunächst aber eine Übersicht der verschiedenen Formen und ihrer Bildung:

1 *will*-Zukunft	*We'll see.*	*will/shall** (meist *'ll*) + **Infinitiv**
2 *going to*	*I'm going to tell him.*	*am/are/is going to* + **Infinitiv**
3 Verlaufsform der Gegenwart	*I'm meeting Tom tonight.*	*am/are/is* + **-ing-Form**
4 einfache Gegenwart	*We arrive in Paris at 7 a.m.*	**Infinitiv**; bei *he, she, it* und Substantiven + **-(e)s**
5 Verlaufsform der *will*-Zukunft	*I'll be talking to Alan later on - I'll pass on your message.*	*will/shall* (meist *'ll*) + *be* + **-ing-Form**

Alles schön und gut, aber wann sagt man was? Wie immer wollen wir vom Deutschen ausgehen. Wichtig ist ganz allgemein, daß die einfache Gegenwart mit Zukunftsbedeutung (4. Möglichkeit) wesentlich seltener verwendet wird als im Deutschen.

---

* *shall* nur bei *I/we*; auch hier ist aber *will* üblicher. *shall* in Fragen entspricht meistens »sollen«.

Am ehesten versteht man den Gebrauch der verschiedenen Formen, wenn man die Zukunft in zwei große Bereiche aufteilt:

– **Vorhersage** (was wird geschehen?)
– **Vorhaben** (was wollen wir eigentlich machen?)

Voraus-/Vorhersagen

Man muß ja kein Hellseher oder Meteorologe sein, um Aussagen über die Zukunft zu wagen – wir machen das alle tagtäglich. Im Englischen stehen uns zu diesem Zweck zwei Zukunftsformen zur Verfügung:

Don't worry, you**'ll like** my mother.   *Keine Angst, du wirst meine Mutter schon mögen.*

> Die *will*-**Zukunft** wird bei ganz allgemeinen Vorhersagen verwendet.

I think he**'s going to jump!**   *Ich glaube, er springt gleich!*

> Die *going to*-Form verwendet man, wenn der Sprecher sich so gut wie sicher ist, daß etwas tatsächlich passieren wird. Meist gibt es dafür schon Anzeichen in der Gegenwart: Man sieht es kommen.

I think he's going to jump!

Absicht, Plan, Vereinbarung

Unser Leben in der heutigen Gesellschaft wird ja weitgehend von Terminen und Vereinbarungen bestimmt. Trotzdem bleibt aber noch ein kleiner Restraum für spontane Entscheidungen, und den wollen wir vorab kurz erwähnen:

"I can't find my dentures." – "I'll help you look for them."	*»Ich find' mein Gebiß nicht.« – »Ich helf' dir beim Suchen.«*

> Bei spontanen, nicht vorher überlegten Absichtserklärungen verwendet man die **will**-Zukunft.

Häufig überlegt man sich aber seine Handlungen vorher:

I'm going to spend all my Christmas bonus today!	*Heute gebe ich mein ganzes Weihnachtsgeld aus!*

> Bei **going to** hat sich der Handelnde die Sache schon vorher überlegt – er hat sich bewußt zu etwas entschlossen, das er zu gegebener Zeit ausführen wird.

Diese Zeitform kann auch die Entschlossenheit des Sprechers zum Ausdruck bringen:

I'm going to get through this chapter tonight if it kills me!	*Dieses Kapitel arbeite ich heute abend noch durch – und wenn es mich umbringt!*

Wer kennt das nicht – manchmal muß man sich regelrecht von einem Termin zum anderen abhetzen:

I'm meeting Mr Warren at 4 o'clock, Mrs Forbes at 5, then Nicky **is picking** me up after work, and we**'re going** to our belly-dancing class.	*Ich treff' mich um 4 Uhr mit Mr. Warren, um 5 mit Mrs. Forbes, dann holt mich Nicky nach der Arbeit ab, und wir gehen zu unserem Bauchtanzkurs.*

Mit der **Verlaufsform der Gegenwart** werden bereits festgelegte **Pläne** oder **Vereinbarungen** ausgedrückt. Dabei erscheint meistens eine Zeitangabe oder ein Fragewort der Zeit (*when* usw.) im Satz, um deutlich zu machen, daß es sich um die Zukunft und nicht die Gegenwart handelt.

Oft sind die *going to*-Form und die **Verlaufsform der Gegenwart** aber austauschbar:

Where **are** you **sleeping** tonight?	*Wo schläfst du heute abend?*
Where **are** you **going to sleep** tonight?	

Bereits zu Beginn des Kapitels haben wir gesagt, daß die einfache Gegenwart mit Zukunftsbedeutung im Englischen seltener anzutreffen ist als im Deutschen. Dieser Zeitform begegnet man – wie auch im Deutschen – in Sätzen folgender Art:

The President **arrives** at 10.17 tomorrow morning.	*Der Präsident kommt morgen früh um 10.17h an.*
When **does** the bar **open**?	*Wann macht die Bar auf?*

Bei **Terminen** und **Zeiten**, die (meist anderweitig) **festgelegt** wurden (Abfahrts- und Ankunftszeiten, Geburtstage, Feiertage, Öffnungszeiten usw.), verwendet man die **einfache Gegenwart**.

Dann wollen wir uns noch kurz die **Verlaufsform der *will*-Zukunft** ansehen:

We'**ll be landing** at Heathrow in ten minutes.	*In zehn Minuten werden wir in Heathrow landen.*

Wenn man betonen möchte, daß etwas **ohnehin so geplant** ist, verwendet man die **Verlaufsform der *will*-Zukunft**.

In solchen Fällen könnte man im Deutschen oft das Wort »sowieso« hinzufügen:

I'll be going to the chemist's today, so I can get you your ear plugs.	*Ich geh' heute (sowieso) zur Apotheke – da kann ich dir gleich dein Ohropax mitbringen.*

Oft wird diese Zeitform aber lediglich aus Höflichkeitsgründen benutzt, besonders wenn nach Wünschen oder Plänen gefragt wird. Sie schwächt nämlich die Erkundigung ab, läßt sie indirekter, zurückhaltender klingen:

Will you **be staying** another night, sir?	*Haben Sie vor, noch eine Nacht bei uns zu bleiben?*

Will you be staying another night, sir?

Das war zugegebenermaßen ein bißchen viel auf einmal, also fassen wir das Wichtigste in einer Übersichtstafel zusammen:

SPRECHABSICHT	ZUKUNFTSFORM
Vorher-/ Voraussage	allgemeine Vorhersage: *will*-**Zukunft** *(He'll be safe here.)*
	Anzeichen deuten etwas an: ***going to*** *(Careful, it's going to fall!)*

SPRECHABSICHT	ZUKUNFTSFORM
Absicht, Plan, Vereinbarung	spontane Absichtserklärung: **will-Zukunft** (*I'll get it.*)
	Entschluß des Handelnden: **going to** (*I'm going to talk to the manager.*)
	festgeplante oder vereinbarte Handlung: **Verlaufsform der Gegenwart** (*I'm meeting Lucy at 6 o'clock.*)
	(anderweitig) festgelegter und meist unabänderlicher Termin: **einfache Gegenwart** (*They go back to school on September 1st.*)
	ohnehin schon vorgesehene Handlung: **Verlaufsform der will-Zukunft** (*This is what you'll be wearing.*)
	höfliche Anfrage: **Verlaufsform der will-Zukunft** (*How will you be celebrating your 90th birthday?*)

Anschließend noch kurz notiert:

He **won't know** what to do with it.	*Er wird nichts damit anzufangen wissen.*

> Die verneinte Form **will not** wird fast immer zu **won't** abgekürzt.

Dann gibt es noch das Wörtchen »wenn«, dem wir an anderer Stelle ein ganzes Kapitel widmen (siehe Seite 96 ff.):

If you **don't stop** singing, madam, I'm afraid you**'ll have to** get off the bus.	*Wenn Sie nicht aufhören zu singen, werden Sie leider aussteigen müssen.*

Bei *if*-**Sätzen** vom **Typ 1*** erscheint im Hauptsatz meistens die *will*-**Zukunft**. Im Satzteil mit »wenn« kommt die einfache Gegenwart.

Ähnlich sieht es im folgenden Fall aus:

I'll give you a ring
when I get to Delhi.

Ich ruf' dich an, wenn ich in Delhi ankomme.

Bei Zeitsätzen mit *when, as soon as* (= sobald), *by the time* (= bis) und dergleichen kommt im Englischen, ähnlich wie im Deutschen, die einfache Gegenwart.

Und schließlich noch eine Anwendungsmöglichkeit der Verlaufsform der *will*-Zukunft:

This time tomorrow **I'll be lying** on the beach in Majorca.

Morgen um diese Zeit werde ich am Strand auf Mallorca liegen.

Die **Verlaufsform der *will*-Zukunft** drückt auch aus, daß zu einem bestimmten Zeitpunkt in der Zukunft ein Vorgang gerade ablaufen wird. Meist findet sich eine entsprechende Zeitangabe im Satz.

Und nun, wie immer, eine kleine Kontrollübung.

ÜBUNG 11   Lösung siehe Seite 140 ff.

Bei seinem letzten Urlaub konnte es sich Mr. King nicht verkneifen, bei der berühmten Wahrsagerin Madame Mascura vorbeizuschauen. Hier ein Ausschnitt aus ihrem Gespräch. Setzen Sie die richtige Zunkunftsform in die Lücken ein (zum Teil sind mehrere Lösungen möglich):

Madame Mascura: You_____(have) a very
                   unusual experience soon.
Mr King: What_____ (happen)?

---

* Siehe Seite 96 ff.

Madame Mascura:	Before you _____ (leave) the island you _____ (meet) a really beautiful young lady.
Mr King:	But I _____ (fly) back to London this evening. My plane _____ (leave) in two hours.
Madame Mascura:	When you _____ (see) this girl, you _____ (forget) all about London.
Mr King:	But I _____ (have) lunch with Mr Todd tomorrow – he's our managing director[1]!
Madame Mascura:	You _____ (ask) the girl what she _____ (do) tonight.
Mr King:	But my wife Mary _____ (kill) me if she finds out!
Madame Mascura:	Nobody _____ (tell) her.
Mr King:	I _____ (not, be able) to look her in the face again.
Madame Mascura:	Yes you _____.

(Madame Mascura nimmt ihren Schleier ab.)

Mr King:	Mary! What are you doing here?
Mary King:	Mr Todd sent me over to tell you that you _____ (be promoted[2]) and you can have an extra week's holiday because your sales figures[3] are so good. Well, why don't you ask me what I _____ (do) tonight?
Mr King:	I think I _____ (faint[4]).
Mary King:	Come on, we'd better go now – the real Madame Mascura _____ (meet) us in the hotel bar at six o'clock …

[1]Geschäftsführer   [2] befördert werden   [3] Verkaufszahlen
[4] in Ohnmacht fallen

12 Das Passiv
(Leideform)

Hier heißt es allerdings aktiv werden, wenn man das Passiv im Englischen bewältigen will. Aber es lohnt sich. Das Passiv erlaubt uns nämlich zu sagen, daß etwas gemacht worden ist, ohne unbedingt zu verraten, wer der Täter war. Es geht hier eher darum, *wem* etwas passiert. Die Bildung des Passivs erfolgt ähnlich wie im Deutschen:

This morning **I was asked** if I was a film star.	*Heut' morgen wurde ich gefragt/hat man mich gefragt, ob ich ein Filmstar sei.*
He was last **seen** at the zoo feeding the lions.	*Er wurde/Man hat ihn zuletzt im Tierpark beim Füttern der Löwen gesehen.*

BILDUNG DES PASSIVS:

Subjekt	+	*be*	+	*past participle*
He		was		fired.
Er		*wurde*		*gefeuert.*

Natürlich kann man aber auch im Passiv preisgeben, von wem etwas gemacht wird oder wurde bzw. wodurch etwas zustande gekommen ist:

We were stopped **by** the police.	*Wir wurden **von** der Polizei angehalten.*
He was knocked out **by** a stray boomerang.	*Er wurde **durch** einen verirrten Bumerang k.o. geschlagen.*

Das deutsche »von« bzw. »durch« wird im Passiv mit *by* wiedergegeben.

Wenn der »Täter« unwichtig, unbekannt oder schon vorher genannt worden ist, wird er im Passivsatz ignoriert:

Someone's pinched my swimming trunks. – **My swimming trunks have been pinched.**	*Man hat mir meine Bade-hose geklaut / Mir ist meine Badehose geklaut worden.*

Einige größere Abweichungen vom Deutschen muß es natürlich geben, sonst wäre ja alles viel zu einfach:

We were told not to haggle at Harrods.	*Man hat uns gesagt / Uns wurde gesagt, wir sollten bei Harrods nicht feilschen.*
You've been shown how to do it three times now.	*Jetzt hat man Ihnen schon dreimal gezeigt, wie's geht.*

Die deutsche Entsprechung lautet hier natürlich nicht »**ich** wurde gegeben« oder »**wir** wurden gesagt«. Im Englischen ist aber eine solche Konstruktion (das sogenannte »persönliche Passiv«) durchaus möglich, wobei der »Betroffene« **immer** an erster Stelle genannt wird.

Bei folgenden englischen Verben ist das persönliche Passiv im Gegensatz zum deutschen Gebrauch möglich:

tell	sagen	*give*	geben
help	helfen	*allow*	erlauben
send	schicken	*offer*	anbieten
show	zeigen	*advise*	raten
sell	verkaufen	*follow*	folgen

Man hat vielleicht schon bemerkt, daß man im Deutschen das Wörtchen »man« relativ oft benutzt. Vielleicht hat man auch gemerkt, daß die englischen Passivsätze in diesem Kapitel öfter mit »man« übersetzt worden sind. Oder andersherum gesehen: Deutsche Sätze mit »man« werden im Englischen sehr oft mit dem Passiv wiedergegeben, wie auch in unserem letzten Beispiel:

I was given the smallest steak of all.	*Man hat mir das aller-kleinste Steak gegeben.*

Also, wenn das nicht kurz und schmerzlos war! Aber damit Sie nicht zu kurz kommen, hier noch ein (relativ schmerzloser) Abschlußtest.

ÜBUNG 12   Lösung siehe Seite 140 ff.

Im folgenden Text sollen Sie die unterstrichenen Teile ins Passiv umsetzen (denken Sie auch daran, daß es reicht, wenn der »Täter« einmal genannt worden ist):

There I was, all alone in the middle of a crowded Oriental marketplace, when suddenly a beautiful young Arab girl approached me and told me to follow her. She took me through the narrow streets and passageways to a tiny house and knocked on the door three times. Soon a small boy let us in and led us up some stairs to a dark room. There an old white-haired man told me to sit down. As there were no chairs, I sat on the beautiful rug[1] in the middle of the room, and a moment later the girl joined me[2]. She told me to close my eyes and think of a place I'd like to be in, as this was a magic carpet and it would take me anywhere I wanted to go. I closed my eyes and drifted away ...
Suddenly a sharp pain in my side woke me up and when I opened my eyes a blinding light dazzled[3]me. Lying on a pile of rugs, I looked up at the round, dark face of a cleaning lady who had been sticking her mop into my ribs. "I think they locked you in when they closed up," she was saying. "If you've quite finished your beauty sleep, I've got to switch all the lights off before eight." Then I realized what the bright glow[4] was – it was the neon sign above her head saying: "Buy a Bargain Bukhara Rug – Best Value in Town".

[1]Teppich   [2]setzte sich zu mir   [3]blendete   [4]Schein

13 Das Partizip
(Mittelwort)

Hier geht's nicht ums Prinzip, sondern ums Partizip. Aber wenn Sie glauben, daß es deswegen gleich eine Party geben wird, müssen wir Sie leider enttäuschen.

Allzu strapaziös wird es trotzdem nicht sein, denn die Bildung des Partizip Präsens (Mittelwort der Gegenwart, *-ing*-Form) haben wir ja schon in Kapitel 8 »erledigt« – das war eine der drei erschlagenen Fliegen auf Seite 57 –, und das *past participle* kennen wir ebenfalls aus den Kapiteln 10 und 12. Daher können wir jetzt gleich zu einigen der wichtigsten Anwendungsmöglichkeiten der Partizipien übergehen:

I **heard** you **sneaking** to the fridge.	*Ich habe dich zum Kühlschrank schleichen hören.*
We could **smell** our supper **burning**.	*Wir konnten riechen, wie unser Abendessen anbrannte.*
You've **kept** me **waiting** again.	*Du hast mich wieder warten lassen.*

You've kept me waiting again

Das Partizip Präsens kann, im Gegensatz zum Deutschen, nach folgenden Verben stehen:

find	finden	*catch*	erwischen
leave	(ver)lassen	*keep*	lassen

... sowie nach den Wahrnehmungsverben:

see	sehen	*observe*	beobachten
hear	hören	*notice*	bemerken
smell	riechen	*watch*	beobachten,
feel	fühlen		sehen

Die Satzstruktur ist dabei folgende:

Verb + Objekt + Partizip Präsens

They   heard   us   talking   about them.
(Sie haben gehört, wie wir über sie redeten.)

■ Im Deutschen steht oft ein Infinitiv oder eine Konstruktion mit »beim« oder »wie«.

■ Bei Vorgängen, die kurz ablaufen, kann man nach *see, hear, smell, feel* und *watch* auch den Infinitiv (ohne *to*) setzen: *I felt the mosquito bite me* (Ich spürte, wie mich die Mücke stach).

Bringen wir doch ein bißchen Bewegung in die Sache hinein:

The football **came flying** through the French windows.   *Der Fußball kam durch die Verandatür reingeflogen.*

They **sat pulling** faces at each other.   *Sie saßen da und schnitten sich gegenseitig Grimassen.*

Das Partizip Präsens kann auch unmittelbar nach folgenden Verben der Ruhe und Bewegung stehen:

come	kommen	*lie*	liegen
go	gehen	*stand*	stehen
sit	sitzen		

Im Deutschen steht dafür oft das Partizip Perfekt (*Er kam angesprungen*).

Es wird Ihnen vielleicht aufgefallen sein, daß die englischen Beispielsätze manchmal kürzer sind als ihre deutschen Entsprechungen: Die englischen Partizipien dienen oft dazu, einen Satz sozusagen auf elegante Art »schrumpfen« zu lassen. Noch ein paar Beispiele:

Coming out of the café, we bumped into our English teacher.	*Als wir aus dem Café kamen, sind wir unserer Englischlehrerin über den Weg gelaufen.*
Seeing he was asleep, I left him at the bar and went to bed.	*Da ich merkte, daß er eingeschlafen war, ließ ich ihn an der Bar zurück und ging ins Bett.*
Doing a bit every day, Stuart managed to tidy his room up in a month.	*Indem er jeden Tag ein bißchen was machte, schaffte es Stuart, in einem Monat sein Zimmer aufzuräumen.*

> Das Partizip Präsens wird zur **Verkürzung von Nebensätzen** verwendet (deutsch »da«, »als«, »indem«, »und«). Beide Satzteile müssen dabei das gleiche Subjekt haben!

Auch Vergangenes wird von den Engländern gern gekürzt wiedergegeben:

Having learnt English so easily, she decided to try Japanese.	*Da sie Englisch so mühelos gelernt hatte, entschloß sie sich, es mit Japanisch zu versuchen.*

> *having + past participle* entspricht im Deutschen »da/ nachdem ... hatte(n) *usw.*«:
> *Having eaten, (I)* ...   Da ich gegessen hatte, ...

Relativsätze (siehe Kapitel 19, Seite 124 ff.) bleiben von diesem Kürzungstrieb nicht unverschont:

The man (who is) **shouting** up there on the stage is my fiancé.	*Der Mann, der da oben auf der Bühne herumschreit, ist mein Verlobter.*
The painting (that was) **found** on the rubbish dump was one of my early works.	*Das Gemälde, das auf dem Müllplatz gefunden wurde, war eins meiner Frühwerke.*

Relativsätze können mit dem **Partizip Präsens** oder dem *past participle* verkürzt werden.
Das Partizip steht dabei unmittelbar nach dem Substantiv *(the mouse nibbling at the cheese)*.

Dann gibt es schließlich noch ein Partizip, das leider von vielen Englischlernenden überstrapaziert wird, nämlich *being*. Damit Sie nicht den gleichen Fehler machen, sollten Sie daran denken, daß *being* nur selten am Satzanfang steht:

Being a rather shy type of person, he rarely shows his face.	*Da er ein ziemlich scheuer Typ ist, zeigt er sich selten.*

---

being am Satzanfang entspricht im Deutschen **ausschließlich** der Konstruktion »da/weil ...«.

Übung 13 Lösung siehe Seite 140 ff.

Genug der »Partizipienreiterei«. Jetzt geht's wieder an die Praxis – versuchen Sie, aus den folgenden Satzpaaren mit Hilfe eines Partizips jeweils einen Satz zu bilden:

1. I heard her. She crunched her crisps all through the film.

2. He had broken both legs. He didn't want to play football with us.

3. He just sits around all day. He moans about everything.

4. She came down the stairs. She was stomping like an elephant.

5. We have five TV sets. We all live together quite peacefully.

14 Die indirekte Rede

Dieses Kapitel hat nichts mit »Durch-die-Blume-Reden« zu tun, obwohl manche Engländer wahre Künstler in der indirekten Ausdrucksweise sind. Hier geht es um das Berichten von dem, was schon gesagt worden ist, und das ist eine wichtige Fähigkeit (besonders wenn man gern klatscht). Dabei wird die wörtliche, **direkte** Rede (das, was geschrieben in Anführungszeichen steht: »...«) in die nicht-wörtliche, **indirekte** Rede umgewandelt.

Wie sich die Zeiten ändern! Das gilt auch bei der indirekten Rede, und zwar wenn das einleitende Verb in der einfachen Vergangenheit steht (*she said, he asked* usw.). Folgende Tabelle zeigt die **Zeitenfolge,** das heißt, welche Änderungen notwendig sind:

DIREKTE REDE → INDIREKTE REDE

"I'm broke," said Paul.	Paul said (that) he **was** broke.
»Ich bin pleite«, sagte Paul.	*Paul sagte, er sei pleite.*
einfache Gegenwart →	**einfache Vergangenheit**

"I'm looking for a husband," said Claire.	Claire said (that) she **was looking** for a husband.
»Ich suche einen Ehemann«, sagte Claire.	*Claire sagte, daß sie einen Ehemann suche.*
Verlaufsform der Gegenwart →	**Verlaufsform der Vergangenheit**

"I **met** Grandad at the bank," said Jill.

Jill said (that) she **had met** Grandad at the bank.

»Ich bin Opa bei der Bank begegnet«, sagte Jill.

Jill sagte, sie sei Opa bei der Bank begegnet.

einfache Vergangenheit → **Plusquamperfekt/ Vorvergangenheit** *(had+ past participle)*

I met Grandad at the bank

"I **was walking** the dog when the accident happened," said Pam.

Pam said (that) she **had been walking** the dog when the accident (had) happened.

»Ich führte den Hund gerade spazieren, als der Unfall passierte«, sagte Pam.

Pam sagte, sie habe den Hund gerade spazierengeführt, als der Unfall passiert sei.

Verlaufsform der Vergangenheit → **Verlaufsform des Plusquamperfekts** *(had been + -ing-Form)*

"I've never **seen** anything like it," said Dr Grady.

»So was habe ich noch nie gesehen«, sagte Dr. Grady.

Dr Grady said (that) he **had** never **seen** anything like it.

Dr. Grady sagte, er habe so was noch nie gesehen.

present perfect → **Plusquamperfekt**

I've never seen anything like it

"We've **been waiting** for hours," the class said.

»Wir warten schon seit Stunden«, sagten die Schüler.

The class said (that) they **had been waiting** for hours.

Die Schüler sagten, daß sie schon seit Stunden warteten.

Verlaufsform des *present perfect* → **Verlaufsform des Plusquamperfekts**

"I **had** never **been** on TV before," Jane said.

»Ich war noch nie im Fernsehen gewesen«, sagte Jane.

Jane said (that) she **had** never **been** on TV before.

Jane sagte, sie wäre noch nie im Fernsehen gewesen.

Plusquamperfekt ⎢bleibt⎢ **Plusquamperfekt**

91

"I **had been expecting** something stupid like that to happen," said Mike.	Mike said (that) he **had been expecting** something stupid like that to happen.
»Ich hatte schon erwartet, daß so was Blödes passiert«, sagte Mike.	*Mike sagte, er habe schon erwartet, daß so was Blödes passieren würde.*
Verlaufsform des Plusquamperfekts	bleibt	**Verlaufsform des Plusquamperfekts**

"**I'll give** you a call," Thomas said.	Thomas said (that) he **would give** me a call.
»Ich ruf' dich an«, sagte Thomas.	*Thomas sagte, er würde mich anrufen.*
***will*-Zukunft**	→ **Konditional I** *(would* + Infinitiv)

"Neil **will have missed** the train," Helen said.	Helen said (that) Neil **would have missed** the train.
»Neil wird den Zug verpaßt haben«, sagte Helen.	*Helen sagte, daß Neil den Zug verpaßt haben werde.*
future perfect *(will/shall have + past participle)*	→ **Konditional II** *(would have + past participle)*

Das war zwar eine ziemlich lange »Latte«, aber dafür nicht so schwierig. Bei den »Einheimischen« werden Sie vielleicht merken, daß sie sich nicht immer an diese Regeln der Zeitverschiebung halten, aber Sie selbst werden sicherer fahren, wenn Sie sich nach unserer Tabelle richten.

Und jetzt wollen wir uns etwas kürzer fassen:

> ■ Die Sätze in der indirekten Rede können mit oder ohne *that* geschrieben werden.
>
> ■ Vor *that* steht **kein Komma!**
>
> ■ Die Pronomen (*I, he* usw.) werden, wie im Deutschen, entsprechend abgeändert.

Wie sieht es nun mit den Fragen aus?

"Where's the key to the safe?" asked Penny.
»Wo ist der Schlüssel zum Tresor?« fragte Penny.

Penny asked where the key to the safe **was.**
Penny fragte, wo der Schlüssel zum Tresor sei.

"When **did** you **get** home?" Dad asked.
»Wann bist du nach Hause gekommen?« fragte Papa.

Dad asked (me) when I **had got** home.
Papa fragte (mich), wann ich nach Hause gekommen sei.

> ■ Fragewörter (*who, which, what, where* usw.) in der direkten Rede werden wie im Deutschen in der indirekten Rede wiederholt.
>
> ■ Die **Wortstellung** in der indirekten Rede ist wie im normalen Aussagesatz.
>
> ■ Die **Zeitenfolge** ist wie in der Tabelle (Seite 89 ff.) angegeben.

"**Are** you married?" the bus conductor asked me.
»Sind Sie verheiratet?« fragte mich der Schaffner.

The bus conductor asked me **if** I **was** married.
Der Schaffner fragte mich, ob ich verheiratet sei.

"**Do** you **like** squid?" asked Mrs Perkins.
»Mögen Sie Tintenfische?« fragte Mrs. Perkins.

Mrs Perkins asked (me) **if** I **liked** squid.
Mrs. Perkins fragte (mich), ob ich Tintenfische mag.

> Wenn in der Frage **kein Fragewort** vorhanden ist, fügt man in der indirekten Rede für das deutsche »ob« *if* oder – etwas seltener – *whether* hinzu.

Neben Fragen können selbstverständlich auch Aufforderungen in die indirekte Rede umgewandelt werden:

"**Eat** properly!" Mum said.	Mum **told us to eat** properly.
»*Eßt anständig!*« *sagte Mutti.*	*Mutti sagte, daß wir anständig essen sollten.*
"**Hurry up** with the tea!" Sue said to Trevor.	Sue **told Trevor to hurry up** with the tea.
»*Beeil dich mit dem Tee!*« *sagte Sue zu Trevor.*	*Sue sagte Trevor, daß er sich mit dem Tee beeilen sollte.*

> Befehle und Aufforderungen werden wie folgt wiedergegeben:
>
> | **Subjekt** | + | **Verb** | + | **Objekt** | + | *to*-**Infinitiv** |
> |---|---|---|---|---|---|---|
> | (Ron | | told | | us | | to be quiet.) |

Bleibt eigentlich nur noch die Wiedergabe der unvollständigen Hilfsverben (die in Kapitel 16 und 17 behandelt werden). Und hier gibt es eine gute Nachricht – die meisten bleiben unverändert. Nur die folgenden werden umgewandelt:

direkte Rede		indirekte Rede
can	→	*could*
may	→	*might*
will	→	*would*
shall	→	*should*

Nach so viel Wiedergabe wissen Sie jetzt endlich, wie es Ihrem Cassettenrecorder geht. Aber ein letztes Mal noch müssen Sie auf Ihre Abspieltaste drücken.

Stellen Sie sich folgende Situation vor: Sie sind zum ersten Mal
seit vielen Jahren in England und wollen Bekannte besuchen,
die Sie leider nicht vom Flughafen abholen können. Da müs-
sen Sie mit dem Taxi zu Ihrem Ziel finden – und das ist gar
nicht so einfach, wie Sie es sich vorgestellt haben, denn nach
einer halben Stunde entsteht folgendes Gespräch:

Taxifahrer:	"Where d'you want to go exactly?"
Sie:	"21 Bank Road."
Taxifahrer:	"Is that in the centre of town?"
Sie:	"I've no idea – I've never been there before."
Taxifahrer:	"D' you expect *me* to know where it is? D'you realize how many roads there are in London? I only started work as a taxi driver this morning. I was a long-distance lorry driver before – I can tell you every motor-way café between here and Aberdeen."
Sie:	"But I don't want to go to a motorway café."
Taxifahrer:	"Well I do! So get out – I'm going to have some lunch ..."

Daraufhin läßt Sie der Taxifahrer £25 zahlen und verabschie-
det sich ... Als Sie sehr verspätet bei Ihren Bekannten eintref-
fen, wollen diese natürlich wissen, was passiert ist. Setzen Sie
die fehlenden Teile des Berichts anhand des vorangegangenen
Gesprächs ein:

Things went all right for the first half hour. Then the taxi
driver asked **me exactly where I wanted to go.** I gave him
your address, and he asked _____.
I said I _____, as I _____ before.
The taxi driver got upset and asked if I _____
_____. Then he asked if _____
_____. He told me he _____
_____ this morning. He said _____
_____ before, and that he _____
every motorway café between there and Aberdeen. I said I
_____ to a motorway café, and he replied that he
_____. Then he told me_____
because he _____ some lunch ...

15 Die *if*-Sätze

Ursprünglich wollten wir Ihnen ein Buch ohne Wenn und Aber präsentieren: Aber, ganze ohne Wenn geht es wohl doch nicht, wenn wir die so wichtigen *if*-Sätze miteinbeziehen wollen. Denn diese Sätze eröffnen uns unter anderem die Möglichkeit, zu spekulieren und – ganz wichtig – Bedingungen zu stellen. Ein *if*-Satz kommt aber selten allein (höchstens bei ernstgemeinten Drohungen – *If that happens one more time ...*). Vor oder hinter ihm erscheint fast immer ein sogenannter Bedingungssatz, der uns mitteilt, was wäre, wenn ...

Wie im Deutschen gibt es drei Grundtypen der *if*-Sätze, die Sie sich merken sollten:

TYP 1

If you **study** this book, your English **will improve** dramatically.

Wenn Sie dieses Buch durcharbeiten, wird sich Ihr Englisch dramatisch verbessern.

■ **einfache Gegenwart** im *if*-Satz;
will-**Zukunft** im anderen Satzteil

TYP 2

If you **studied** this book, your English **would improve** dramatically.

Wenn Sie dieses Buch durcharbeiten würden/durcharbeiteten, würde sich Ihr Englisch dramatisch verbessern.

■ **einfache Vergangenheit** im *if*-Satz;
would **+ Infinitiv** im anderen Satzteil

> **TYP 3**
>
> If you **had studied** this book, your English **would have improved** dramatically.
>
> *Wenn Sie dieses Buch durchgearbeitet hätten, hätte sich Ihr Englisch dramatisch verbessert.*
>
> ■ **Plusquamperfekt** (*had + past participle*) im *if*-Satz; *would have + past participle* im anderen Satzteil

Diese *if*-Sätze drücken genau das gleiche aus wie die entsprechenden deutschen Bedingungssätze, und wie im Deutschen kann der *if*-Satz am Anfang des Satzes stehen oder an späterer Stelle kommen. Es hätte also auch heißen können:

Your English will improve dramatically if you study this book usw.

Besonders problematisch für Deutsche sind *if*-Sätze vom Typ 2, und zwar deswegen, weil man ganz gern *would* in den *if*-Satz hineinschmuggelt. Das kommt von der deutschen Ausdrucksweise:

Es wäre einfacher, wenn du sie ignorieren **würdest**.

Das heißt aber auf englisch:

*It would be easier if you **ignored** them.*

Denn:

> Im *if*-Satz selbst erscheinen *will* und *would* fast nie.

Das waren eine ganze Menge Wenns auf einmal – deswegen noch ein Beispiel in allen drei Grundformen:

TYP 1:   *If she **gets** the job, I'll eat my hat.*
(Wenn sie den Job kriegt, freß' ich einen Besen.)

TYP 2:   *If she **got** the job, I'd eat my hat.*

TYP 3:   *If she **had got** the job, I'd **have eaten** my hat.*

Besonders im gesprochenen Englisch wird häufig die Kurzform *'d* statt *would* gebraucht: *she'd* statt *she would* usw.

Bevor wir ein paar abschließende Bemerkungen über Abweichungen vom Grundschema machen, schalten wir ausnahmsweise den üblichen kleinen Test dazwischen.

ÜBUNG 15 Lösung siehe Seite 140 ff.

Sie sollen folgende Satzteile so zusammensetzen, daß diese sinnvolle Aussagen bilden. Achten Sie dabei immer darauf, daß die Zeiten in den beiden Teilen in eines der angegebenen Grundmuster passen:

A	If we had got up a bit earlier,	1	you'll be able to do it yourself.
B	She wouldn't say such things	2	if I wash your socks for you, Dave?
C	You'd find the book easier to read	3	if you weren't so nasty to her.
D	Will you help me with my knitting	4	we wouldn't have missed our wedding.
E	He wouldn't have been so mad	5	if you turned it the other way up.
F	If you're so clever,	6	if you hadn't forgotten to pick him up again.

Jetzt dürfen Sie wieder entspannen – aber nur ein bißchen, denn ein paar weitere Beispiele sollten Sie sich noch ansehen. Die drei besprochenen *if*-Satz-Typen bilden sozusagen nur das Grundmuster, das aber auch bestimmte Variationen zuläßt. Das wollen wir anhand des *if*-Satzes vom Typ 1 zeigen:

■ If she passes the exam, it'**ll have been** worth all the effort.

Wenn sie die Prüfung besteht, wird sich die ganze Mühe gelohnt haben.

98

2 If you don't watch out, you're **going to have** an accident.

Wenn du nicht aufpaßt, passiert noch was.

3 If you're **looking for** Roger, he's at the bar.

Wenn du Roger suchst, der ist an der Bar.

4 If you've **finished** the ironing, you **can** take the kids to the playground.

Wenn du mit dem Bügeln fertig bist, kannst du mit den Kindern zum Spielplatz gehen.

If you don't watch out, you're going to have an accident

Wie Sie sehen, sind Variationen in beiden Satzteilen möglich. So kann statt der *will*-Zukunft jede andere Zukunftsform verwendet weden (**1**, **2**), entsprechend den Regeln für ihren Gebrauch (siehe Kapitel 11, Seite 74 ff.). Im *if*-Satz selbst kann statt der einfachen Gegenwart die Verlaufsform der Gegenwart stehen (**3**) oder aber das *present perfect* (**4**). Ähnlich variantenreich sind auch die anderen zwei Grundtypen.

Unser Rat wäre aber: Prägen Sie sich doch am besten die Grundtypen gut ein – mit ihnen kommen Sie schon sehr weit. Die verschiedenen anderen Möglichkeiten entsprechen fast immer den Regeln für den Gebrauch der Zeiten, die Sie anderswo in diesem Buch lernen können (vgl. Kapitel 8 bis 11), und sie werden Ihnen schon deshalb nicht so schwer fallen, weil auch im Deutschen auf ähnliche Weise vom Grundmuster abgewichen wird.

Genug der Wenns! Hoffentlich können Sie's jetzt aus dem "*if-if*", denn es geht gleich mit einem neuen Thema weiter.

16 Die unvollständigen Hilfsverben I

Jeder von uns braucht gelegentlich ein bißchen Hilfe, und den Verben geht's auch nicht anders. Für den Fall stehen ihnen dann solche Verben wie *können, dürfen, müssen* oder *sollen* zur Seite – deswegen heißen sie auch »Hilfsverben«. Ähnlich hilfreich sind auch einige englische Verben, die aber durch einen kleinen Kunstfehler gekennzeichnet sind: Sie sind nämlich unvollständig (na ja, nobody's perfect). Hier einige der wichtigsten:

can/could; may/might; must; will/shall; ought to

Die sehen aber doch ganz normal aus, werden Sie vielleicht sagen. Was soll ihnen denn fehlen? Eine ganze Menge, wie Sie gleich sehen werden:

I **can** fly no problem, but I**'ve** never **been able to** drive.

Fliegen ist für mich kein Problem, aber Autofahren habe ich noch nie gekonnt.

I can fly no problem, but I've never been able to drive

Die genannten Verben sind deshalb »unvollständig«, **weil sie bestimmte Zeitformen nicht bilden können.** Für die fehlenden Zeiten müssen andere Verben oder Ausdrücke mit ähnlicher Bedeutung (sogenannte »Ersatzformen«) einspringen – in unserem Beispiel *be able to.*

Wie die anderen Ersatzformen im einzelnen lauten, erfahren Sie im Laufe dieses und des nächsten Kapitels. Zunächst aber noch ein paar Besonderheiten:

He **must** be crazy to do a thing like that.	*Er muß verrückt sein, um so was zu tun.*

Im Gegensatz zu den anderen englischen Verben haben die unvollständigen Hilfsverben in der Gegenwart die gleiche Form für alle Personen (also **kein -s** nach *he, she, it* usw.):
she must (sie muß), aber *she buy$\underline{s}$*
he can (er kann) usw.

Wie wir schon in Kapitel 7 (vgl. Seite 50 ff.) gesehen haben, verhalten sich diese Verben auch bei Fragen und in der Verneinung etwas anders als »normale« Verben. Zur Erinnerung:

■ Bei **Fragen** mit unvollständigen Hilfsverben erfolgt eine einfache Umstellung wie im Deutschen (*Can I have one?*).

■ Auch bei der **Verneinung** gibt es keine Umschreibung mit *to do* (*You **mustn't** tell anyone*). Folgende Kurzformen sind besonders gebräuchlich:
    can't (cannot)
    couldn't (could not)
    mustn't (must not)

Noch erwähnenswert:

He **can do** it really well.	*Er kann es wirklich toll.*
Can you **speak** Arabic?	*Kannst du Arabisch?*

> Im Gegensatz zum Deutschen stehen die englischen Hilfsverben selten allein. Das erforderliche **Vollverb** (in den Beispielen *do* und *speak*) wird hinzugefügt.

Ausnahmen sind lediglich Kurzantworten und Frageanhängsel (siehe auch Kapitel 7, Seite 53 f.)

We can pay next time, **can't we?**	*Wir können doch nächstes Mal zahlen, oder?*
Must I dance with Rachel? – Yes, you **must.**	*Muß ich mit Rachel tanzen? – Ja, du mußt.*

Nun aber zum Kern der Sache. Gerade weil diese Verben »Hilfsverben« sind, helfen sie uns, uns präziser und variantenreicher auszudrücken. Mit der gesamten Bedeutungspalette, die diese Verben eröffnen, wollen wir Sie hier aber nicht überlasten – das wäre zuviel des Guten. Statt dessen beschränken wir uns in diesem und im nächsten Kapitel darauf, die wichtigsten Entsprechungen von jeweils zwei deutschen Hilfsverben zu erläutern:

können

How **can** you tell I'm a foreigner?	*Woran können Sie erkennen, daß ich Ausländer bin?*

How can you tell I'm a foreigner?

She **could** whistle at the age of two.	*Mit zwei Jahren konnte sie pfeifen.*
I've never been able to resist such offers.	*Solchen Angeboten konnte ich noch nie widerstehen.*
I **won't be able to** fit in a new bath before the summer.	*Ich werde vorm Sommer kein neues Bad einbauen können.*

> Wenn das deutsche »können« eine **Fähigkeit** ausdrückt, nimmt man im Englischen *can* (Gegenwart) bzw. *could* (Vergangenheit).
> Sonst übersetzt man »können« mit der entsprechenden Form von *be able to* (= in der Lage sein zu, fähig sein zu), das in allen Zeiten verwendbar ist.

Mit dem deutschen *können* ist aber einiges mehr möglich:

| **Can** I borrow your Rolls for a couple of hours? | *Kann ich mir deinen Rolls-Royce für ein paar Stunden ausleihen?* |

> Wenn »können« im Sinne von »dürfen«* verwendet wird, nimmt man im Englischen *can*.

Und:

| That **may/might** be true. | *Das kann schon sein.* |

> Wenn »können« eine Möglichkeit ausdrückt, nimmt man im Englischen in der Gegenwart *may* oder *might* (kein wesentlicher Bedeutungsunterschied).
> In der Vergangenheit lautet die Form *may have/might have.*

Im Deutschen würde man hier oft das Wort »vielleicht« nehmen:

| He **may/might** not like wearing socks. | *Vielleicht trägt er nicht gern Socken.* |

---

* Mehr über »dürfen« ab Seite 104.

| It **might have** been the postman. | *Vielleicht war es der Postbote.* |

Hier aber das Verb »können« noch einmal im Überblick:

können	
Was drückt es aus?	englische Entsprechung
Fähigkeit (= in der Lage sein, imstande sein)	*can* (Gegenwart) *could* (Vergangenheit) *be able to* (alle Zeiten)
Erlaubnis (= dürfen)	*can* (Gegenwart)
Möglichkeit (= vielleicht)	*may/might* (Gegenwart) *may have/might have* (Vergangenheit)
Sonst nimmt man zur Übersetzung von »können« *be able to.*	

Können Sie's jetzt? Dann dürfen Sie gleich weitermachen mit

dürfen

| **Can/May** I have a go too? | *Darf ich auch mal?* |
| **Are** you **allowed to** park here? | *Darf man hier parken?* |

Can I have a go too?

No, you **can't** go to Florida
with Terry.

*Nein, du darfst nicht
mit Terry nach Florida.*

I'm not allowed to answer
questions like that.

*Solche Fragen darf ich
nicht beantworten.*

Wichtig ist hier, ob es sich um einen Einzelfall handelt oder um
eine allgemeine Erlaubnis bzw. um ein allgemeines »Verbot«
(ist etwas **überhaupt** erlaubt/verboten?):

- Bei **Erlaubnis im Einzelfall** übersetzt man »dürfen«
  mit *can* oder – wenn man bei Bitten besonders höf-
  lich sein will – *may.*

- Bei **Verbot im Einzelfall** übersetzt man »nicht dür-
  fen« mit *can't.*

- Bei **Erlaubnis/Verbot im allgemeinen** nimmt man
  (not) be allowed to. Hier könnte man im Deutschen
  »überhaupt« hinzufügen.

Aber es ist noch lange nicht alles »verboten«, was man »nicht
darf« – oft benutzt man diese Formel, um gutgemeinte Rat-
schläge, Warnungen oder Aufforderungen auszudrücken:

We **mustn't** lose any time.

*Wir dürfen keine Zeit
verlieren.*

You **mustn't** take things
so seriously.

*Du darfst nicht alles
so ernst nehmen.*

Und im nachhinein weiß man alles besser:

You **shouldn't have**
washed it so often.

*Du hättest es nicht so
oft waschen dürfen.*

Wenn mit »nicht dürfen« ein **Ratschlag** oder eine **Auf-
forderung** ausgedrückt werden, nimmt man im Engli-
schen in der Gegenwart *shouldn't* oder (stärker) *mustn't.*
Für die Vergangenheit (»hätte[st] *usw.* nicht dürfen«)
nimmt man *shouldn't have.*

Vorsicht also:

mustn't heißt auf keinen Fall »muß nicht«!!

Auch hier eine Zusammenfassung:

dürfen	
Was drückt es aus?	englische Entsprechung
allgemeine Erlaubnis	*be allowed to* (alle Zeiten)
Erlaubnis im Einzelfall	*can*/besonders höflich: *may* (Gegenwart) *be allowed to* (andere Zeiten)

nicht dürfen	
Was drückt es aus?	englische Entsprechung
allgemeines »Verbot«	*not be allowed to* (alle Zeiten)
»Verbot« im Einzelfall	*can't* (Gegenwart)
Ratschlag oder Aufforderung	*shouldn't/mustn't* (Gegenwart) *shouldn't have* (Vergangenheit: »hätte[st] *usw*. nicht dürfen«)

Bevor es im nächsten Kapitel mit »müssen« weitergeht, gibt es den obligatorischen kleinen Test.

Nachdem er in London gut angekommen ist, macht sich Herr Diesl auf den Weg zur Autovermietung. Hier ein Ausschnitt aus seinem Gespräch mit Mr. Barnes, dem Filialleiter. Übersetzen Sie jeweils die deutschen Wörter in Klammern ins Englische:

Mr B.: Oh, I see you're from Germany. _____
          (können Sie) drive a British car?

Herr D.: Young man, _____ *(ich konnte)* fly a helicopter when I was 18.

Mr B.: Oh dear, _____ *(Sie dürfen nicht)* be offended[1], sir – it's just that some continentals should_____ *(nicht benutzen dürfen)* British roads. Why, some of them even forget that you_____ *(nicht dürfen)* drive on the right-hand side over here.

Herr D.: That _____ *(kann schon)* be true. But tell me, don't you think you _____ *(könnten vielleicht)* be frightening customers away[2] by asking them what they _____ *(können)* and what they _____ *(nicht können)*?

Mr B.: Yes, but I _____ *(darf nicht)* forget my duty to protect[3] the British driver from foreign menaces[4] on the roads.

Herr D.: Well, on some other occasion_____ _____ *(erzähle ich Ihnen vielleicht)* a thing or two about British visitors to the Continent, Mr ..., er ...

Mr B.: Barnes.

Herr D.: Mr Barnes, but I _____ *(darf nicht)* waste any more time here otherwise[5] I _____ *(werde nicht können)* get all my other inspections[6] done. By the way, if you ever need any advice on travelling to Germany, you_____ *(können)* always contact me at your European headquarters in Frankfurt. Just ask for the managing director. Goodbye, Mr Barnes!

---

[1]beleidigt sein [2]Kunden abschrecken [3]schützen [4]Plagen, gefährliche Personen
[5]sonst [6]Kontrollbesuche

17 Die unvollständigen Hilfsverben II

Es **muß** mit den Hilfsverben weitergehen, aber Sie **sollen** nicht verzagen, denn bald werden Sie's **können**, und dann **dürfen** Sie dieses (Doppel-)Kapitel der englischen Grammatik guten Gewissens abhaken.

müssen

Da gibt es ein unvollständiges Hilfsverb im Englischen, das sich als Übersetzung für »müssen« geradezu aufdrängt, nämlich *must*. Es gibt tatsächlich auch Situationen, in denen *must* für »müssen« verwendet wird, zum Beispiel, wenn man sich seiner Sache ganz sicher ist:

But you **must** remember me – I'm your brother!	*Aber du mußt dich doch an mich erinnern – ich bin dein Bruder!*
It **must** have been her.	*Sie muß es gewesen sein.*

> Wenn mit »müssen« eine **sichere Annahme** oder **Überzeugung** ausgedrückt wird, nimmt man im Englischen *must* bzw. für die Vergangenheit *must have*.

Dies wird im Deutschen übrigens oft durch »sicher«, »bestimmt« oder »wohl« ausgedrückt:

He **must** be exhausted.	*Er ist bestimmt todmüde.*
You **must** be joking.	*Du machst wohl Witze!*

Aber dann gibt es auch Dinge, die schlichtweg notwendig sind:

I really **must** get a haircut.	*Ich muß mir unbedingt die Haare schneiden lassen.*

In der Gegenwart übersetzt man »müssen« mit **must,** wenn **der Sprecher selbst** etwas für **notwendig** hält.

Es wird aber nicht jedes Muß von einem selbst bestimmt:

I've got to pick my mother-in-law up at the station.	*Ich muß meine Schwieger-mutter vom Bahnhof abholen.*

Wenn die Verpflichtung oder Notwendigkeit von **außen** her kommt, nimmt man in der Gegenwart *has to/have to* oder, besonders im gesprochenen Englisch, *has got to/have got to.*

Folgende zwei Beispiele zeigen den Unterschied:

I **must** take my medicine now.	*Ich muß jetzt meine Medizin einnehmen.*

(weil ich **selbst** überzeugt bin, daß es notwendig ist)

I've got to take my medicine now.	*Ich muß jetzt meine Medizin einnehmen.*

(weil es mir der Arzt so verordnet hat)

Der Übergang zwischen beiden Möglichkeiten ist fließend, und oft sind sie austauschbar, wobei *must* aber immer auf die **innere** Verpflichtung oder Überzeugung des Sprechers deutet:

I'm afraid I **must** go/**I've got to** go now – **I've got to** be home by six.	*Ich muß jetzt leider gehen – ich muß nämlich bis um sechs zu Hause sein.*

Bei den anderen Zeiten sieht die Sache dafür wesentlich einfacher aus:

I **had to** buy a new toothbrush last week.	*Ich mußte mir letzte Woche eine neue Zahnbürste kaufen.*
You'll **have to** explain that to the boss.	*Das werden Sie dem Chef erklären müssen.*

I'm afraid I must go now – I've got to be home before six

> In allen anderen Zeiten außer der Gegenwart benutzt man für »müssen« bei einer Notwendigkeit ausschließlich die entsprechende Form von *have to.*

Bleibt noch eine wichtige Frage offen: Wenn *mustn't* »nicht dürfen« bedeutet, was heißt dann »nicht müssen« auf englisch?

You **needn't** eat it if you don't want to.	*Du mußt es nicht essen, wenn du nicht willst.*
I **don't have to** get up early for a whole week.	*Eine ganze Woche lang muß ich nicht früh aufstehen.*

> Bei »nicht müssen« nimmt man *needn't* bzw. für die Vergangenheit *needn't have,* wenn **der Sprecher selbst** etwas für **nicht notwendig** hält.
> Sonst nimmt man die entsprechende Form von *not have to* (in allen Zeiten verwendbar).

Noch einmal im Überblick:

müssen	
Was drückt es aus?	englische Entsprechung
sichere Annahme oder Überzeugung	*must* (Gegenwart) *must have* (Vergangenheit)
Sprecher hält etwas für notwendig	*must* (Gegenwart)
äußere Umstände/ Bedingungen machen etwas notwendig	*has (got) to/have (got) to* (Gegenwart)
Sonst nimmt man zur Übersetzung von »müssen« die entsprechende Form von *have to*.	

nicht müssen	
Was drückt es aus?	englische Entsprechung
Sprecher hält etwas für nicht notwendig	*needn't* (Gegenwart) *needn't have* (Vergangenheit)
äußere Gründe machen etwas nicht notwendig	*not have to* (alle Zeiten)

Wie soll's jetzt weitergehen? Ganz klar: mit

sollen

Viele Deutsche machen den Fehler, »sollen« mit *shall* zu übersetzen, was aber nur selten möglich ist:

Shall I ask at the cash desk?	*Soll ich mal an der Kasse fragen?*

111

> Bei **Vorschlägen in Frageform** in der ersten Person (»soll ich?«/»sollen wir?«) nimmt man *shall.*

Oft entspricht *shall* aber dem deutschen »wollen«:

Shall we have a break?	*Wollen wir mal Pause machen?*

Aber zurück zu »sollen«: wenn *shall* nur selten die richtige englische Entsprechung dieses Verbs ist, was sagt man dann? Auch hier ist entscheidend, was man eigentlich sagen will. Wenn es darum geht, was man tun und lassen sollte, wird ja oft der (geistige) Zeigefinger gehoben:

You **ought to/should** eat more vegetables – they're good for you!	*Du solltest mehr Gemüse essen – das ist doch gesund!*

You should eat more vegetables – they're good for you!

We really **ought to** complain.	*Eigentlich sollten wir uns beschweren.*
You **should have** left it to me.	*Du hättest es mir überlassen sollen.*

> Wird mit »sollen« in der Gegenwart eine **höfliche** oder **bestimmte Aufforderung** bzw. ein **Appell an das Gewissen** (auch das eigene) ausgedrückt, nimmt man im Englischen *should* oder *ought to.*
> Für die Vergangenheit (»hätte[st] *usw.* sollen«) nimmt man *should have* bzw. *ought to have.*

In der Gerüchteküche brodelt es inzwischen auch weiter:

She's **supposed to/said to** have been married to him before.	*Sie soll schon einmal mit ihm verheiratet gewesen sein.*

Und die Journalisten sind zu Recht vorsichtig, wenn sie etwas aus zweiter Hand berichten oder noch nicht offiziell bestätigte Informationen weitergeben:

He **is said to** have cheated his customers out of several million pounds.	*Er soll seine Kunden um mehrere Millionen Pfund betrogen haben.*

Wenn mit »sollen« **unbestätigte Gerüchte, Behauptungen** oder **Informationen** vermittelt werden, nimmt man im Englischen *be supposed to* oder *be said to.*

Dann gibt es noch die vielen kleinen Aufgaben und Vereinbarungen des täglichen Lebens, die natürlich nicht immer erfüllt oder eingehalten werden:

Kim **was supposed to** meet me here at 5 o'clock, but she hasn't turned up yet.	*Kim sollte mich um 5 Uhr hier treffen, aber sie ist noch nicht gekommen.*

Wird mit »sollen« eine **Aufgabe** oder **Vereinbarung** beschrieben, nimmt man im Englischen ebenfalls *be supposed to* bzw. *be to.*

Schließlich wird auch »Schicksalhaftes« mit »sollte(n)« usw. zum Ausdruck gebracht:

The following year she **was to** have quins.	*Im Jahr darauf sollte sie Fünflinge bekommen.*

Wird mit »sollte(n)« usw. eine Aussage über das **noch einzutretende »Schicksal«** des/der Betroffenen vermittelt, nimmt man *be to* (das, was beschrieben wird, ist inzwischen schon passiert).

Kim was supposed to meet me here at 5 o'clock but she hasn't turned up yet

Das war wieder eine Menge auf einmal, aber folgende Tabelle soll die Übersicht etwas erleichtern:

sollen		
Was drückt es aus?	Wie könnte man es anders sagen?	englische Entsprechung
Aufforderung/ Appell (*sollte* usw.)	es wäre besser/ ganz gut, wenn ...	***should, ought to*** (Gegenwart)
Vorwurf usw. (*hätte[st]* usw. *sollen*)	es wäre besser gewesen, wenn ...	***should have/ ought to have*** (Vergangenheit)
unbestätigte Gerüchte/ Informationen	angeblich .../ es heißt ...	***be said to/ be supposed to***
Bestimmung/ Schicksal (*sollte* usw.)	später ...	***be to***
Aufgabe/ Vereinbarung	es ist/war aus- gemacht, daß ...	***be supposed to/ be to***

114

Fast haben Sie Ihr Soll erfüllt, aber auch hier ist der Abschluß-
test ein absolutes Muß.

ÜBUNG 17 Lösung siehe Seite 140 ff.

Paul kommt wieder zu einer Verabredung mit seiner Freundin
viel zu spät an, und es erfolgt die übliche Auseinandersetzung.
Versuchen Sie, die Lücken mit dem richtigen englischen
Ausdruck zu füllen:

Paul: I'm sorry, Jane, but ...

Jane: You _____ *(mußt nicht)* start apologizing[1]
again. Why is it you _____ *(mußt
immer sein)* late? Sometimes I think you _____
(solltest) see a psychiatrist.

Paul: Well, you see, I thought I _____
(sollte) take Mum to the bingo at seven o'clock,
but I _____ *(muß)* have misunderstood
her because ...

Jane: You know you really _____ *(solltest)* try
and think up a new story, Paul.

Paul: But it's true. She said I _____ *(sollte)* take
some bananas round to Mrs Goldberg, who ___
_____ *(sein soll)* too ill to go shop-
ping, and then ...

Jane: You really _____ *(mußt nicht)* go
into all the details.

Paul: Well, you _____ *(mußt)* know what Mum's
like by now.

Jane: Yes, I certainly do. And I'm afraid you _____
_____ *(wirst müssen)* choose between
your mother and me, Paul. I've had enough. I
_____ *(muß gewesen sein)* crazy to get
involved with you[2] in the first place. Anyway,
I _____ *(muß)* go now – I _____
(muß) pick my dad up from the pub; he said if I
was late again I _____ *(würde müssen)* clean
out his pigeon loft[3] *twice* a week from now on.

---

[1]*apologize* = sich entschuldigen   [2]*get involved with someone* = sich mit jemandem ein-
lassen   [3] Taubenhaus

18 Die -ing-Form und der to-Infinitiv

To be or not to be – das ist auch hier unter anderem die Frage, denn oft gibt es für den *to*-Infinitiv Konkurrenz von der *-ing*-Form, die ja in der englischen Grammatik einen besonderen Geltungsdrang zu spüren scheint. In den Kapiteln 8 und 13 (Seite 57 ff. und 85 ff.) sind Sie schon in einige Geheimnisse dieser *-ing*-Form eingeweiht worden, und hier wollen wir eine letzte, aber sehr wichtige Anwendungsmöglichkeit aufgreifen:

I don't think **ballet-dancing** is your cup of tea, Rudi.	*Ich glaube nicht, daß Ballett das Richtige ist für dich, Rudi.*

Hier ist die *-ing*-Form kein Verb, sondern ein Substantiv und bedeutet »das Ballettanzen« – vgl. *smoking* (das Rauchen), *shopping* (das Einkaufen), *skiing* (das Skilaufen) usw. Diese Form wird auch »Gerund« genannt. So weit so gut. Aber es gibt eine Reihe von Anwendungen, die nicht ganz so einsichtig sind wie diese:

He a**dmitted stealing** the ship.	*Er gab zu, das Schiff gestohlen zu haben.*

In solchen Fällen wird oft fälschlicherweise der *to*-Infinitiv *(to steal)* verwendet. Damit Sie nicht in diese Falle hineintapsen, sollten Sie sich folgendes Kästchen genau ansehen:

Nach folgenden Verben steht die **-ing-Form:**

admit	zugeben	*enjoy*	genießen,
avoid	vermeiden		sehr gern (tun)
*consider**	erwägen,	*finish*	fertigwerden mit
	daran denken	*imagine*	sich vorstellen
deny	leugnen,	*risk*	riskieren
	bestreiten	*stop***	aufhören
dislike	nicht mögen	*suggest*	vorschlagen

---

* *consider someone to be* = jemanden halten für
** *stop (in order) to* + Infinitiv = anhalten/aufhören, um zu

Noch ein paar Beispiele:

Imagine being a
millionaire!

*Stell dir vor, du
wärst Millionär!*

Stop being so stubborn.

Sei doch nicht so stur!

Und eine weitere Anwendung der -*ing*-Form:

He just went off to New
Zealand **without saying**
a word.

*Er ging einfach nach
Neuseeland, ohne ein
Wort zu sagen.*

Hier steht das zweite Verb nach einer sogenannten **Konjunktion**, einem Verbindungswort, das Begriffe, Satzteile oder Wortgruppen zusammenbringt.

Nach folgenden Wörtern und Ausdrücken nimmt man oft die -*ing*-Form, um den Satz zu verkürzen:

after	nach(dem)	*in spite of*	trotz;
before	bevor; vor		obwohl
by	indem;	*instead of*	(an)statt
	dadurch, daß	*without*	ohne

Ein weiteres Beispiel veranschaulicht dies:

Instead of apologizing,
he just laughed.

*Statt sich zu entschuldigen,
lachte er bloß.*

Dann gibt es noch folgende Kategorie:

I'm not very **good at
changing** nappies.

*Windeln wechseln kann
ich nicht besonders gut.*

Diesmal folgt das Verb auf eine **Präposition** (ein Verhältniswort wie *in, an, auf, unter, bei, mit* usw.).

Wenn ein Verb unmittelbar **nach einer Präposition** (*of, in* usw.) steht, wird **immer** die -*ing*-Form verwendet.

I'm not very good at changing nappies

Wie im Deutschen gibt es auch im Englischen **feste Verbindungen** aus Substantiv/Adjektiv/Verb + Präposition. Beispiele aus dem Deutschen machen das deutlich:

> *die Angst **vor** etwas* (nicht etwa *durch*)
> *gierig **auf** etwas* (nicht etwa *um*)
> *sich ärgern **über** etwas* (nicht etwa *unter*)

Weil die englischen Ausdrücke ebenfalls mit der Präposition fest verbunden sind, sollte man diese immer mitlernen – und nicht vergessen, daß ein nachfolgendes Verb nur in der *-ing*-Form stehen kann. Hier jeweils fünf typische Beispiele für die drei Kategorien:

SUBSTANTIV + PRÄPOSITION

be **in danger of** *-ing*	*Gefahr laufen, zu*
have **difficulty in** *-ing*	*sich schwer tun, zu*
live **in fear of** *-ing*	*in der Angst leben, daß*
in the hope of *-ing*	*in der Hoffnung, zu*
run the **risk of** *-ing*	*riskieren, zu*

ADJEKTIV + PRÄPOSITION

be **good/bad at** *-ing*	*gut/schlecht sein in*
be **incapable of** *-ing*	*unfähig sein, zu*
be **interested in** *-ing*	*sich interessieren für*

be **keen on** -*ing*	*begeistert tun*
be **tired of** -*ing*	*es satt haben, zu*

believe in -*ing*	*glauben an*
dream of -*ing*	*davon träumen, zu*
insist on -*ing*	*darauf bestehen, zu/daß*
succeed in -*ing*	*es schaffen, zu*
think of -*ing*	*daran denken, zu*

Und so werden sie gebraucht:

We came here **in the hope of seeing** the Royal Couple.	*Wir sind hierhergekommen in der Hoffnung, das königliche Paar zu sehen.*
I'm **tired of playing** the office boy.	*Ich bin es leid, den Laufjungen zu spielen.*

Noch eine Besonderheit:

I'm **looking forward to getting** my last three teeth out.	*Ich freue mich darauf, meine letzten drei Zähne gezogen zu bekommen.*

Das Wörtchen *to* kennen wir ja längst als Teil des *to*-Infinitivs eines jeden Verbs (*to go, to see* usw.) sowie als Präposition (*go to school, move to Canada* usw.). Es gibt auch ein paar Verben, mit denen *to* ganz fest verbunden ist.

Nach folgenden Verben mit *to* steht kein Infinitiv, sondern **nur die -*ing*-Form:**

look forward to -ing	sich darauf freuen, zu
be used to -ing	
be accustomed to -ing	gewohnt sein, zu
get used to -ing	
get accustomed to -ing	sich daran gewöhnen, zu
object to -ing	dagegen sein, daß

Ein Beispiel:

You **get used to living**
in Britain after a while.

*Man gewöhnt sich mit der
Zeit an das Leben in
Großbritannien.*

Aber hier ist Vorsicht geboten:

be used to + *-ing*-**Form** (= gewohnt sein, zu) sollte nicht mit
used to + **Infinitiv** (= früher ... ; siehe Seite 62) verwechselt
werden. Das sind nämlich zwei Paar Stiefel:

I'm **used to wearing**
high-heeled boots.

*Ich bin es gewohnt,
Stiefel mit hohen
Absätzen zu tragen.*

(kann in jeder Zeitform vorkommen und bezeichnet, daß man
etwas **gewohnt** ist)

I **used to live** in the
South Pacific.

*Früher lebte ich in der
Südsee.*

(bezieht sich nur auf **wiederholte Handlungen** oder länger
andauernde Zustände **in der Vergangenheit**)

I used to live in the South Pacific

120

Dann gibt es einige Verben, die – bei unterschiedlicher Bedeutung – sowohl mit der *-ing*-Form als auch mit dem *to*-Infinitiv verbunden werden können. Hier zwei wichtige, die Sie sich unbedingt merken sollten:

remember *-ing*	*sich daran erinnern, etwas getan/erlebt zu haben* (bezieht sich nur auf Vergangenes)
remember *to (do)*	*daran denken/nicht vergessen, (etwas) zu tun* (kann sich auf jede Zeit beziehen)
never forget *-ing*	*nie vergessen, wie...* (bezieht sich nur auf Vergangenes)
forget *to (do)*	*vergessen, (etwas) zu tun* (kann sich auf jede Zeit beziehen)

Ein paar Beispiele:

I'll never forget touching Paul McCartney's hand ...	*Ich werde nie vergessen, wie ich Paul McCartneys Hand berührte...*
Remember to send me it/ **Don't forget to send** me it.	*Vergiß nicht, es mir zuzuschicken.*
I think I **forgot to turn** the washing machine off.	*Ich glaube, ich habe vergessen, die Waschmaschine auszuschalten.*

Zu guter Letzt noch ein paar wichtige Redewendungen, auf die die *-ing*-Form folgt:

it's no use *-ing* **it's no good** *-ing* **there's no point in** *-ing*	} *es hat keinen Sinn, zu*
it's good fun *-ing*	*es macht Spaß, zu*
it's bad enough *-ing*	*es ist schlimm genug, zu*

be busy -*ing*	*damit beschäftigt sein, zu*
spend one's time -*ing*	*seine Zeit damit verbringen, zu*
I can't help -*ing*	*ich kann nichts dafür, daß ich*
I don't mind -*ing*	*ich habe nichts dagegen, zu/ wenn ich*
I can't stand -*ing*	*ich kann es nicht ausstehen, zu*
it's worth/worthwhile -*ing*	*es lohnt sich, zu*

Ein Beispiel:

I can't stand waiting in queues.	*Ich kann es nicht leiden, Schlange zu stehen.*

Zur besseren Einprägung sollten Sie jetzt versuchen, bei den anderen Beispielen jeweils ein passendes Verb einzusetzen (z.B. *I can't help laughing*).

Und nun, wie immer, die Abschlußübung. Ja, es wird Ihnen in diesem Buch nichts geschenkt. Und ums Schenken geht es auch im nachfolgenden Text.

ÜBUNG 18 Lösung siehe Seite 140 ff.

Setzen Sie die -*ing*-Form bzw. den *to*-Infinitiv (*to see* usw.) ein, und fügen Sie, wo nötig, auch die jeweilige Präposition (*on, at, to* usw.) hinzu:

I seem to spend all my spare time[1] _____ (run) from shop to shop _____ (buy) presents. Can you imagine _____ (have) to get birthday and Christmas presents for a family of thirteen? I live in constant fear _____ (be told) there's yet another little niece or nephew on the way ... It's bad enough _____ (find) things for the grown-ups[2]. Take Dad – he's already got enough socks and ties _____ (last) him a lifetime. He's no good _____

(fix) things, so it's no use _____ (give) him any tools[3].
Then there's Mum, who really enjoys _____ (take)
photos of her ever-growing[4] family but is incapable
_____ (handle) even the most foolproof[5] camera. My
brothers and sisters aren't very keen _____ (read) and
can't afford _____ (have) a hi-fi with all those wild kids
around – so books and records are out for them[6].
Last Christmas I was so busy _____ (try) to find the
right thing for everybody that I forgot _____ (buy) my
girlfriend a present. She stopped _____ (talk) to me for
a week.
As a little boy I always looked forward to _____
(celebrate) Christmas and birthdays, but now I can't stand
_____ (have) to rush through town like a lunatic[7] every
other Saturday[8]. I remember _____ (read) a book once
about an ancient Caledonian clan who, instead _____
(give) Christmas and birthday presents, used to _____
(hold) three-day feasts for the children's favourite uncle. I'm
considering _____ (order) a dozen copies of the book
in time for December 25th ...

[1]Freizeit [2]Erwachsene [3]Werkzeug [4]immer größer werdend [5]idiotensicher
[6]kommen für sie nicht in Frage [7]Verrückter [8]jeden zweiten Samstag

19 Die Relativsätze
(Bezugssätze)

Schon Albert Einstein hat sich den Kopf über die Relativität zerbrochen. Ganz so kompliziert ist aber die Sache mit den englischen Relativsätzen zum Glück nicht. Sie würden vielleicht trotzdem gern wissen, was ein Relativsatz überhaupt ist. Das wollen wir Ihnen auch gleich vor Augen führen:

My grandfather has been
married seven times. He's 93.

*Mein Großvater war schon
siebenmal verheiratet. Er ist 93.*

Wie im Deutschen klingt es
einfach schöner, wenn man
solche Sätze verbindet:

My grandfather, **who** ist 93,
has been married seven times.

*Mein Großvater, der 93 ist,
war schon siebenmal verheiratet.*

*My grandfather, who is 93, has
been married seven times*

Der Satzteil, der hier mit *who* anfängt, wird ein Relativsatz genannt, und das Verbindungswort *who* ist ein Relativpronomen. Mit welchen anderen Wörtern verbindet man solche Sätze im Englischen?

Wann nimmt man aber was? Folgende Beispiele machen es deutlich:

The man **who/that** sold me the video recorder has disappeared.	*Der Mann, der mir das Videogerät verkauft hat, ist verschwunden.*
The restaurant **that/which** opened up last week has been closed down.	*Das Restaurant, das letzte Woche eröffnet wurde, mußte wieder schließen.*

Im **Nominativ** (1. Fall; fragen Sie: **wer/was?**) nimmt man bei Personen *who/that** und bei Sachen *that**/ which.*

Bei Tieren nimmt man *that** oder *which*, gelegentlich auch *who*.

The traffic warden **that/ who/whom** he insulted was a karate expert.	*Die Politesse, die er beleidigte, war Karate-expertin.*
The cheese **that/which** you bought is full of holes!	*Der Käse, den du gekauft hast, ist voller Löcher!*

Im **Akkusativ** (4. Fall: **wen/was?**) nimmt man bei Personen *that/who* (seltener *whom*) und bei Dingen *that/ which.*

The lady **whose** camera had fallen into the Amazon was almost in tears.	*Die Frau, deren Kamera in den Amazonas gefallen war, war den Tränen nah.*

---

* *that* grundsätzlich nur bei Ralativsätzen ohne Kommas; siehe Seite 127 ff.

| We sat under the palm trees, **whose** coconuts kept falling on our heads. | *Wir saßen unter den Palmen, deren Kokosnüsse uns dauernd auf den Kopf fielen.* |

Im **Genitiv** (2. Fall: **wessen?**) nimmt man bei Personen und Sachen *whose* (»dessen« bzw. »deren«).

| I don't like the man **that** she's dancing **with.** | *Ich mag den Mann nicht, mit dem sie tanzt.* |

| The church **that** we went **to** was closed for lunch. | *Die Kirche, zu der wir gingen, hatte mittags geschlossen.* |

Einen **Dativ** (3. Fall: **wem/was?**) gibt es im eigentlichen Sinn nicht, sondern immer nur eine Verbindung mit einer **Präposition** (*with, to, for, at* usw.).

Im Gegensatz zum Deutschen steht die Präposition im Englischen fast immer **hinter dem Verb** (*the man that I spoke to*).

Das Relativpronomen lautet bei Personen *that/who(m)* und bei Sachen *that/which.*

Auch ein auf den ersten Blick unwichtig erscheinender Unterschied zum Deutschen muß hier erwähnt werden:

| The ring that she gave me is only gold-plated. | *Der Ring, den sie mir gab, ist nur vergoldet.* |

Bei bestimmten englischen Relativsätzen läßt man die Kommas weg. Ist denn das überhaupt so wichtig, werden Sie vielleicht fragen. Nun, Sie werden bestimmt nicht des Landes verwiesen, wenn Sie in England einen Kommafehler begehen. Aber es gibt nun einmal zwei verschiedene Arten von englischen Relativsätzen – nämlich die mit und die ohne Kommas – und bestimmte Dinge sind nur bei der einen Art möglich. Deswegen sollte man diesen Unterschied schon erkennen können.

126

Man könnte sagen, daß bei Relativsätzen mit Kommas diese die Funktion von Klammern haben. Was dazwischen steht, könnte ebensogut zwischen Klammern stehen:

Pamela's husband, who's from Cambridge, is a double agent.	*Pamelas Mann, der aus Cambridge kommt, ist Doppelagent.*

> Relativsätze mit Kommas sind »entbehrliche« Relativsätze. Den Satzteil, den die Kommas einschließen, kann man »ausklammern«, ohne den Sinn des Satzes völlig zu entstellen.

Probieren wir das einmal:

Pamela's husband is a double agent.	*Pamelas Mann ist Doppelagent.*

Die wichtigste Aussage bleibt erhalten, auch ohne die Zusatzinformation über die Herkunft von Pamelas Mann.

Und wie sieht es bei den »kommalosen« Relativsätzen aus?

Women who beat their husbands should be sent to prison.	*Frauen, die ihre Ehemänner schlagen, sollten ins Gefängnis kommen.*

> Relativsätze, die für den Sinn des Satzes absolut **notwendig** sind, kann man nicht ausklammern – sie sind »unentbehrliche« Relativsätze und haben keine Kommas.

Wollte man den Relativsatz im letzten Beispiel trotzdem herausnehmen, würde man einen ganz anderen Sinn bekommen, nämlich:

Women should be sent to prison.	*Frauen sollten ins Gefängnis kommen.*

So war's wohl nicht gemeint …

Jetzt kennen Sie den Unterschied zwischen den beiden Arten von Relativsatz, aber wozu soll das gut sein? Sehen Sie sich dazu folgende Beispiele an:

The excuses Rodney thinks of are hilarious.	*Die Ausreden, die sich Rodney ausdenkt, sind zum Schreien.*
The people we met there were really boring.	*Die Leute, die wir dort kennenlernten, waren wirklich langweilig.*

> Nur bei Relativsätzen **ohne Kommas** kann man das Relativpronomen *that, who* oder *which* weglassen.

Das ist immer dann möglich, wenn nach *that/who/which* ein Substantiv *(the photo, my teacher* usw.) oder ein Pronomen *(I, it, they* usw.) steht:

This is the chance **that** I've been waiting for!	*Das ist die Gelegenheit, auf die ich schon lange warte!*

Hier hätte man das Relativpronomen *(that)* weglassen können.

Noch eine kleine Hilfe, damit Sie die Relativsätze ohne Kommas besser erkennen können:

The solicitor **that** Mr Davis recommended is excellent.	*Der Anwalt, den Mr. Davis empfohlen hat, ist ausgezeichnet.*

> Wenn man im Deutschen **derjenige, diejenige** usw. sagen kann, ist der Relativsatz notwendig (keine Kommas).

Schließlich hätten wir noch ein paar Besonderheiten, die Sie sich merken sollten:

He never stops talking, **which** gets on everybody's nerves.	*Er hört nie auf zu reden, was allen auf den Wecker geht.*

> Dem deutschen »**was**« als Zusammenfassung eines **ganzen Satzteils** entspricht das englische *which*.

I think we'd better do **what** she says.	*Ich glaube, wir sollten lieber tun, was sie sagt.*
It's not exactly **what** I'm looking for.	*Es ist nicht genau das, was ich suche.*

> *what* als Relativpronomen bedeutet »**das, was ...**« bzw. einfach »**was**« (also **nie** *that what*!).

Und hier – Sie können endlich aufatmen – die letzten zwei Beispiele:

He criticized everything (that) I did.	*Er kritisierte alles, was ich machte.*
I'd like to show you something (that) I've just found.	*Ich möchte dir etwas zeigen, das ich gerade gefunden habe.*

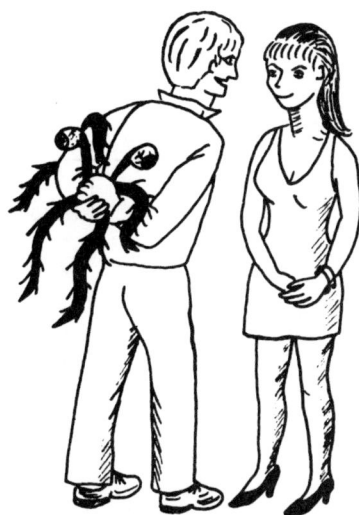

I'd like to show you something I've just found

> Bei »**alles, was/das** ...«, »**etwas, was/das** ...« usw. lautet das englische Relativpronomen *that.*
> Oft wird es aber weggelassen.

Das war wieder ganz schön viel, werden Sie vielleicht denken – aber es ist ja alles relativ. Dafür ist die Übung umso kürzer ausgefallen.

ÜBUNG 19   Lösung siehe Seite 140 ff.

Versuchen Sie, wo notwendig, das richtige Relativpronomen in die Lücken einzusetzen:

The little lady _____ has just got onto that motorbike is my grandmother. The motorbike, _____ she got for her 75th birthday, does 120 mph. Every evening Granny rides round the block 20 times at high speed, _____ I think is extremely dangerous. But she always does exactly _____ she wants. The man in the Porsche _____ she has just overtaken is my grandad.

20 *some/any; a lot (of)/ much/many* usw.

Es war ein langer Weg, auch wenn die Etappen verhältnismäßig kurz blieben – aber, gleich haben Sie's ja geschafft! Wir schließen mit einer Reihe von Wörtchen, die erfahrungsgemäß Schwierigkeiten für Deutsche bereiten können:

some/any

some und *any* sind die zwei Wörter, die am häufigsten verwendet werden, wenn eine unbestimmte Menge oder Zahl ausgedrückt werden soll; *some* wird bei »positiven« Aussagen bzw. Erwartungen verwendet:

1 I've brought **some** friends home for tea.

Ich hab' ein paar/einige Freunde zum Abendessen mitgebracht.

2 You've got **some** paint on your face.

Du hast (etwas) Farbe im Gesicht.

3 Did you leave me **some** money for the milkman?

Hast du mir (etwas) Geld für den Milchmann dagelassen?

Did you leave me some money for the milkman?

131

4 Have **some** peanuts. *Nehmen Sie sich doch ein*
paar Erdnüsse.

---

some steht meistens

- ■ in normalen Aussagesätzen (**1** , **2**),

- ■ in Fragen, wenn die Antwort »ja« erwartet oder er-
hofft wird (**3**),

- ■ in höflichen Aufforderungen oder Erkundigungen
(**4**).

---

any, dagegen, findet man bei »negativen« Aussagen und
Erwartungen:

5 There weren't **any** calls   *Für dich waren leider*
for you, I'm afraid.   *keine Anrufe.*

6 I never get **any** fan mail.   *Ich bekomme nie Fanpost.*

7 Is there **any** chocolate left?   *Ist noch (etwas) Schokolade*
übrig?

8 We're moving to Vladi-   *Wir ziehen nach Wladi-*
vostok, but you can come   *wostock, aber ihr könnt uns*
and visit us **any** time.   *jederzeit besuchen.*

---

any steht meistens

- ■ in verneinten Sätzen (**5** , **6**),

- ■ in Fragen, wenn man sich über die Antwort unsicher
ist bzw. die Anwort »nein« erwartet (**7**),

- ■ in normalen Aussagen in der Bedeutung »jede(r,-s)
(beliebige)«, »irgendwelche(r,-s)« (**8**).

Ähnlich verhält es sich mit den Zusammensetzungen, die mit
some und *any* gebildet werden: *somebody (someone)/any-*
body (anyone); something/anything; somewhere/anywhere.

Has **anybody** seen my grandad? I'm sure I left him here **somewhere**.	*Hat jemand meinen Groß-vater gesehen? Ich könnte schwören, ich hätte ihn hier irgendwo gelassen.*

a lot of (lots of)/much/many

Diese Ausdrücke verwendet man, um »viel« oder »viele« zu übersetzen. Eine kleine Warnung: Manche Deutsche neigen dazu, viel zu viele *much* und *many* zu gebrauchen!

That could get you into **a lot of (lots of)** trouble.	*Das könnte dir viel Ärger einbringen.*
He asked **lots of (a lot of)** silly questions again.	*Er hat wieder eine Menge dummer Fragen gestellt.*
She thinks she knows **a lot**.	*Sie glaubt, sie weiß sehr viel.*

---

a lot of/lots of wird in **normalen Aussagesätzen** ver-wendet. Wenn kein Substantiv (*ice cream* usw.) oder Pronomen (*us, them* usw.) folgt, fällt das *of* weg (*There's a lot to be done*).

Vergleichen Sie jetzt folgende Sätze:

I haven't got **much** time.	*Ich habe nicht viel Zeit.*
How **much** pocket money do you want this time then?	*Wieviel Taschengeld willst du denn diesmal?*
He doesn't say very **much**, does he?	*Er hat nicht besonders viel zu sagen, oder?*

---

much wird bei der **Einzahl in verneinten Sätzen** und **in Fragen** benutzt.

I haven't got much time

Und schließlich:

I've never had **many** friends.	*Ich habe nie viele Freunde gehabt.*
Do you know **many** kleptomaniacs?	*Kennen Sie viele Kleptomanen?*

> *many* wird bei der **Mehrzahl in verneinten Sätzen** und **in Fragen** benutzt.

> ■ Anstelle von *much* und *many* kann auch meistens *a lot (of)* stehen, jedoch nicht nach *how, as, too* und *very*.
>
> ■ Ähnlich wie bei *some* deutet *a lot (of)* in einer Frage darauf, daß man die Antwort »ja« erwartet.

few/little; a few/a little

Ein kleines **bißchen** Ausdauer noch – **ein paar** Beispiele und nur ganz **wenige** Regeln –, dann hätten wir's wirklich geschafft. Hier geht es darum, eine geringe Menge oder Zahl auszudrücken:

Few air travellers have ever complained about the free drinks.

Wenige Flugreisende haben sich je über die kostenlosen Getränke beschwert.

There's **little** chance of him winning now.

Jetzt hat er kaum eine Chance zu gewinnen.

There's little chance of him winning now

> ■ *few* (= wenige) wird nur bei der **Mehrzahl** gebraucht.
>
> ■ *little* (= wenig) wird nur bei der **Einzahl** gebraucht.

Ähnlich sieht es bei *a few* und *a little* aus:

I just need **a few** days to clear up my desk.

Ich brauch' bloß ein paar Tage, um meinen Schreibtisch aufzuräumen.

Could I have **a little** tea with my rum?

Könnte ich etwas Tee mit meinem Rum haben?

I've still got **a bit of** grammar to learn.

Ich muß noch ein bißchen Grammatik lernen.

135

- **a few** (= einige, ein paar) wird nur bei der **Mehrzahl** gebraucht.

- **a bit of*/a little** (= ein bißchen, etwas) wird nur bei der **Einzahl** gebraucht.
  Wenn kein Substantiv oder Pronomen folgt, fällt *of* weg.

*Bei Flüssigkeiten: **a drop of**

Und jetzt der allerletzte Test in diesem Buch! Wenn Sie ihn erfolgreich bestehen, können Sie mehr als nur **ein bißchen** stolz auf sich sein.

ÜBUNG 20 Lösung siehe Seite 140 ff.

Versuchen Sie, die Lücken mit einem der folgenden Ausdrücke zu füllen: *some, any, somebody, anybody, something, anything, somewhere, anywhere, a lot of / lots of, much, many, (a) few, (a) little, a bit (of).*

_____ *(einige)* months ago I was having _____ *(ein bißchen)* trouble with my English. I knew I had an old grammar book _____ *(irgendwo)* in the cellar, but I didn't really have_____ *(viel)* time to look for it among all the rubbish down there. Then by chance I saw_____ *(jemand)* reading a nice little English grammar on the underground, and he was obviously having _____ *(viel)* fun with it. The next day I went to my local bookshop to buy it, but the shop assistant told me so _____ *(viele)* people had been buying the book that there wasn't a single copy left in town.
Well, I had _____ *(wenig)* choice[1] but to add my name to the long list of people who had ordered the book. To my surprise, it arrived just_____ *(ein paar)* days later, and it didn't cost_____ *(viel)* either. Ever since then I've been carrying it around with me, and if _____ *(irgendjemand)* asks me what I'm reading, I tell them it's the best grammar book you can buy. But there are very _____ *(wenige)* people who haven't got it already!

[1]Wahl

136

Anhang

Die wichtigsten unregelmäßigen Verben

Infinitiv	einfache Vergangenheit	*past participle*	Übersetzung
be	was	been	*sein*
become	became	become	*werden*
begin	began	begun	*anfangen*
bite	bit	bitten	*beißen*
blow	blew	blown	*blasen*
break	broke	broken	*(zer)brechen*
bring	brought	brought	*(her)bringen*
buy	bought	bought	*kaufen*
catch	caught	caught	*fangen*
choose	chose	chosen	*wählen*
come	came	come	*kommen*
cost	cost	cost	*kosten*
cut	cut	cut	*schneiden*
do	did	done	*tun; machen*
draw	drew	drawn	*zeichnen*
drink	drank	drunk	*trinken*
drive	drove	driven	*fahren*
eat	ate	eaten	*essen*
fall	fell	fallen	*fallen*
feel	felt	felt	*(sich) fühlen*
fight	fought	fought	*kämpfen*
find	found	found	*finden*
fly	flew	flown	*fliegen*
forget	forgot	forgotten	*vergessen*
get	got	got	*bekommen; kriegen*
give	gave	given	*geben*
go	went	gone	*gehen; fahren*
grow	grew	grown	*wachsen*
hang	hung	hung	*hängen*
have	had	had	*haben*
hear	heard	heard	*hören*
hide	hid	hidden	*(sich) verstecken*
hit	hit	hit	*schlagen*
hold	held	held	*halten*
hurt	hurt	hurt	*weh tun*
keep	kept	kept	*behalten*

Infinitiv	einfache Vergangen- heit	*past participle*	Übersetzung
know	knew	known	*wissen; kennen*
lay	laid	laid	*legen*
lead	led	led	*führen*
learn	learnt, learned	learnt, learned	*lernen*
leave	left	left	*lassen; verlassen*
lend	lent	lent	*(aus)leihen*
let	let	let	*lassen*
lie	lay	lain	*liegen*
lose	lost	lost	*verlieren*
make	made	made	*machen*
mean	meant	meant	*bedeuten*
meet	met	met	*treffen; begegnen*
pay	paid	paid	*bezahlen*
put	put	put	*legen; setzen; stellen; stecken*
read »ried«	read »red«	read »red«	*lesen*
ring	rang	rung	*läuten; klingeln*
run	ran	run	*laufen; rennen*
say	said	said	*sagen*
see	saw	seen	*sehen*
sell	sold	sold	*verkaufen*
send	sent	sent	*schicken*
set	set	set	*setzen; stellen*
shine	shone	shone	*scheinen*
shoot	shot	shot	*(er)schießen*
show	showed	shown	*zeigen*
shut	shut	shut	*zumachen*
sing	sang	sung	*singen*
sit	sat	sat	*sitzen*
sleep	slept	slept	*schlafen*
speak	spoke	spoken	*sprechen*
spend	spent	spent	*ausgeben; verbringen (Zeit)*
stand	stood	stood	*stehen*
steal	stole	stolen	*stehlen*
sting	stung	stung	*stechen (Insekt)*
swim	swam	swum	*schwimmen*
take	took	taken	*nehmen*
teach	taught	taught	*unterrichten; lehren*
tell	told	told	*sagen; erzählen*
think	thought	thought	*denken*
throw	threw	thrown	*werfen*
wake	woke	woken	*wecken; aufwachen*
wear	wore	worn	*tragen (Kleidung)*
win	won	won	*gewinnen*
write	wrote	written	*schreiben*

Die englische Aussprache

Um Ihnen bei der Aussprache des Englischen ein bißchen zu helfen, wollen wir hier kurz auf einige Laute eingehen, die dem deutschen Englischlernenden erfahrungsgemäß Schwierigkeiten bereiten können. Dabei wollen wir uns ausgesprochen kurz fassen.

th Bei dem berühmt-berüchtigten *th* müssen Sie so tun, als wenn Sie lispeln würden: Sie stecken die Zunge zwischen die Zähne und versuchen ein »s« wie in »ist« (stimmloses *th*) beziehungsweise wie in »satt« (stimmhaftes *th*) auszusprechen. Wenn es bei letzterem kitzelt, sind Sie auf dem richtigen Weg!

r Das deutsche »r«, das im Rachen gebildet wird, können die meisten Engländer gar nicht aussprechen. Das englische r klingt wie ein ganz leicht gerolltes deutsches »r«.

a Das kurze englische *a* (wie in *man, cat, travel* usw.) wird ähnlich wie das »a« in »Apfel« oder »Mann« ausgesprochen, aber etwas offener, gedehnter. Zwischen *bad* (»schlecht«) und *bed* (»Bett«) ist also ein deutlicher Unterschied. Hier ein Übungssatz für Sie: »*I feel so bad, I think I'll go to bed.*«

v/w Nein, hier geht es nicht um deutsche Autos, sondern um zwei Laute, die von Deutschen manchmal durcheinandergebracht werden. Das englische *v* wird wie ein deutsches »w« ausgesprochen beziehungsweise wie das »v« in Fremdwörtern wie »Variation« oder »Violine«, also weich und vibrierend. Um das *w* richtig auszusprechen, müssen Sie Ihre Lippen zu einem kleinen runden Loch formen; dabei dürfen die oberen Zähne keinesfalls die Unterlippe berühren. Das w klingt also ähnlich wie ein »u« und ein »i« zusammengesprochen (*win* = »uin«). Üben Sie mit »*very well*«.

Wir raten Ihnen, diese Laute nicht unbedingt auf offener Straße, sondern im stillen Kämmerlein zu üben – Sie werden merken, daß sie nicht so schwer auszusprechen sind, wie Sie vielleicht vermuten. Lassen Sie sich das alles in Ruhe auf der Zunge zergehen!

Lösungen zu den Übungen

Übung 1a

was half **an** hour late; **a** shop assistant; need **some** advice; buy **some/ a pair of** shorts; were **(some/a pair of)** striped pyjamas and **(some/a pair of)** woollen trousers; bought **some/a pair of** scissors; **a** hundred times; you don't need **(any)** shorts

Übung 1b

from Switzerland; hates work; half **the** day in bed; all **the** neighbours; for him music and rest; in life; through hell; that Emil; at **the** school down the road; both **the** plants; in hospital

Übung 2

my family **is**; one **Sunday**; last **February**; one of my **brothers-in-law**; the **potatoes**; **(some) news**; the **Japanese**; your **glasses**; the **outskirts** of town; her **advice**; popular **doctor; women** and screaming **children**; some of the **furniture**; Dr Speck's **knowledge** of eye problems **is** amazing; lots of **information**; the **doctor's arms**; blue **eyes**, perfectly straight **teeth**, lovely curly **hair**

Übung 3

which is your yacht; that's **her/it** over there; **my** Uncle Geoff gave **her/it** to me; **he** was; **he** fell in love; he made **me**; **his** two dogs; with **me**; see **them**; waiting for **me**; enjoying **ourselves**; overtaking us; **she** jumped; could stop **her**; was after **her**; **they** managed; had hurt **himself**; both of **us**; he saw **me**; was shocked **himself**; grinned at **each other**; are they **yours**; offered **me**; **our** Hong Kong subsidiary

Übung 4

1. Which house shall we take – the **big one** or the **little/small one**?
2. The toilet is **further/farther** (away) than I thought.
3. Do you know **the injured woman**?
4. My greyhound is getting **thinner and thinner**.
5. **The cheekier** I am to them, **the nicer** they are to me.

Übung 5

1. Your sister swims very **well**.
2. The lamb tastes **horrible/terrible**, but the mint sauce is good.
3. He kicked the chair so **hard** that he broke a leg (his left one).
4. When *one* dog starts to bark, the others join in **automatically**.
5. I'm **slowly** beginning to understand English grammar.

1. Our neighbours play their hi-fi far too loudly.
2. The pub was really crowded yesterday afternoon. /Yesterday afternoon the pub was really crowded.
3. Only then did we realize what we were eating.
4. He goes to bed early sometimes./He sometimes goes to bed early./Sometimes he goes to bed early.
5. I would never have imagined that he could be so rude.
6. "I don't usually stay out so late." – "Neither do I."
7. I got a phone call from Sydney late last night./Late last night I got a phone call from Sydney.
8. He's probably decided to go to work for a change today./ ... today for a change.
9. We'll be moving into a new caravan at the end of the month./At the end of the month we'll be moving ...
10. "My wife is a good golfer." – "So is mine."

– **Did you know** you were driving on the wrong side of the road?
– No, I **didn't.**
– That kind of thing **doesn't often happen** ... The man in the Jaguar **didn't think** it was very funny.
– But I **didn't do** it on purpose.
– **That's not/That isn't** the point. British drivers **can't handle** maniacs ... They **don't want** the roads ... If the other driver **hadn't reacted** ... you **might not be** alive today ... Jaguars **don't come** very cheap ... **Had you thought** of that?
– No, I **hadn't.**
– **Have you (got)/Do you have** anything else to say?
– I **don't exactly know** ... I **won't do** it again and I **won't forget** ...
– ... **we're not going** to/**we aren't going** to lock you up and I **don't intend** to inform ... I **don't want** to spoil ... **you can't object** to paying ...
– I certainly **can't** ...
– And **don't forget** this ... **we don't drive** ...
– I **won't forget** that ...
– ... make sure you **don't get** ... I **wouldn't like** to see ...

Sally's **arguing**/Sally **is arguing**; Sally **always argues**; when she **gets caught**; what she **does**; she **doesn't drink**; she **sells**; **uses** the money; she's **trying**/she **is trying** to give; he's **shaking**/he **is shaking** his head; they're **opening**/they **are opening** ... and **pouring** (*das ›are‹ braucht man nicht zu wiederholen*); **seem** to prefer

Übung 9

we **went**; we **got** there; band **was playing**; people **were singing**; **was** full; they **didn't seem** to have; you **could** tell; they **were wearing**/they **wore**; people **were lying**; everyone **was having**; we **only had**; it **was** two; we **found**; we **didn't feel/weren't feeling**; we **had** to get up

Übung 10

I've finished; **said** my wife; **did you phone** the airport; I **replied**; we **took**; and **waited** for the cab; we **haven't forgotten**/we **didn't forget**; I **snapped**; **I've thought**/**I thought**; **did** you **turn**; before we **left**; we finally **arrived**; I **did**; I **suddenly heard**; what's **happened**/what **happened**; the handle's **come off**/the handle **has come off**; we **pushed** it; it **was** our turn; I **heaved**; and **watched**; the steward **checked**; there **haven't been** any; **you've done**/you **did** it; and **hit** me; I **spent**; she **enjoyed** the sun

Übung 11

you **will have**/you**'re going to have**; what's **going to happen**; you **leave**; you **will meet**/you**'re going to meet**; I'm **flying** back; my plane **leaves**; when you **see**; you'll **forget**; I'm **having** lunch; you'll **ask** /you**'re going to ask**; she's **doing**; Mary **will kill**; nobody **will tell**/nobody's **going to tell**; I **won't be able** to look; you **will**; you're **going to be promoted**; what I'm **doing** tonight; I'm **going to faint**; Madame Mascura **is meeting** us

Übung 12

suddenly **I was approached by a beautiful young Arab girl** and **told** to follow her; **we were let in by a small boy and led** up some stairs; **I was told to sit down by an old white-haired man; I was joined by the girl; I would be taken** anywhere; **I was woken up by a sharp pain in my side; I was dazzled by a blinding light;** I think **you were locked in; all the lights have got to be switched off**

Übung 13

1. I heard her **crunching** her crisps all through the film.
2. **Having broken** both legs, he didn't want to play football with us.
3. He just sits around all day **moaning** about everything.
4. She came **stomping** down the stairs like an elephant.
5. **Having** five TV sets, we all live together quite peacefully.

Übung 14

he asked **if/whether that was in the centre of town**; I said I **had no idea**; I **had never been there** before; asked if I **expected** *him* **to know where it was**; he asked if **I realized how many roads there were/are** in London; told me he **had only started work as a taxi driver**; said (that) **he had been a long-distance lorry driver**; he **could tell me** every motorway café; I said I **didn't want to go**; he **did**; he told me **to get out**; he **was going to have** some lunch

Übung 15

A4; B3; C5; D2; E6; F1

Übung 16

can you drive/**are you able to** drive; **I could** fly/ **I was able to** fly; **you mustn't** be offended; continentals **shouldn't**/**should not be allowed to use**; you're **not allowed to** drive; that **may/might** be true; you **might/may** be frightening; what they **can do** and what they **can't do**; but I **mustn't** forget my duty; **I might tell you**; I **mustn't** waste; I **won't be able to** get; you **can** always contact me

Übung 17

you **don't have to** start/you **needn't** start apologizing; you've **always got to be** late/you **always have to be** late; you **should** see/you **ought to** see; I thought I **was supposed to** take/I **was to** take; I **must** have misunderstood; you really **should** try/you really **ought to** try; I **was to** take; who's **supposed to be** too ill; you really **don't have to** go/you really **needn't** go; you **must** know; you'll **have to** choose; I **must have been** crazy; I've **got to** go/I **must** go; I've **got to** pick my dad up; I'd **have to** clean out

Übung 18

running from shop to shop **buying** presents; imagine **having** to get; in constant fear **of being told**; it's bad enough **finding**; **to last** him; no good **at fixing**; no use **giving** him; enjoys **taking**; is incapable **of handling**; aren't very keen **on reading**; can't afford **to have**; so busy **trying** to find; forgot **to buy**; she stopped **talking** to me; I always looked forward to **celebrating**; can't stand **having** to rush; I remember **reading**; instead **of giving**; used to **hold** three-day feasts; I'm considering **ordering**

Übung 19

lady **who/that** has just got; **which** she got; **which** I think; exactly **what** she wants; the Porsche (**that/which**) she has just overtaken

Übung 20

a **few/some** months ago; **a bit of/a little/some** trouble; **somewhere** in the cellar; have **much** time; saw **somebody/someone**; having **a lot of/lots of** fun; so **many** people; I had **little** choice; just **a few** days later; didn't cost **much**; if **anyone/anybody** asks; very **few** people

Register